\ 一発OK！誰もが納得！ /

公務員の

伝わる
文章教室

著
工藤勝己
Kudo Katsumi

学陽書房

はじめに

「結論は、どこに書いてあるの？」

「結局、何が言いたいの？」

「もう少しわかりやすい文章を書いてくれないか！」

　上司からダメ出しされ、書き直しを命じられるたびに肩を落とし、悩んでいる人は多いのではないでしょうか。

　たとえ上司に細かく直され、そのとおりに書き直したとしても、その場を切り抜けられるだけで、決して文章は上達しません。しかし、上司や先輩が手取り足取り指導してくれる環境はほとんどないのが現実。文章の書き方を学ぶ実務研修があるかといえば、ほとんどの自治体では実施していません。

　「では、いったいどうすればいいの？」と思ったかもしれませんが、安心してください。

　本書では、国・都・区という３つのステージで実務に携わり、10年以上管理職として文章を書いてきた経験をもとに、「伝わる文章」の書き方をわかりやすく解説します。

　私はこれまで、議会答弁書、常任・特別委員会の報告資料、首長や議員への説明資料など、重要な局面では必ず文章を書いてきました。また、住民向けの説明資料や庁内の検討資料、さらには首長あてに住民から届く手紙への回答など、管理職として過ごしてきた時間は、文章との関わりなくして語ることができません。

　この間、たくさんの職員の昇任試験論文も添削指導し、今では

20人以上が主任や係長、管理職として活躍しています。

　本書では、こうして私が公務員として磨き、教えてきた文章術のエッセンスを一冊にまとめました。

　本書の特長は、大きく3つあります。

① 若手から管理職まで世代・役職を超えて役立つ

　文章がうまくなりたいと切望する若手職員から、昇任試験の合格を目指す中堅職員、部下の文章指導に苦労している係長や課長まで、幅広い世代・役職の公務員に有益な内容を満載しています。

② どんな文書・資料にも活かせる文章作法が身につく

　わかりやすくて正確に伝わり、誰もが納得する文章を書くためには、逸脱できない一定の作法があります。この作法を身につければ、どんな文書・資料にも活かすことができます。

③ 行政のリアルな例文だから理解しやすい

　書店に文章術の本はたくさん並んでいます。しかし、国や自治体でやり取りされている文書の例文を紹介しながら、丁寧な解説を施した類書はありません。本書では、行政のリアルな例文をもとに問題点をズバリ指摘し、添削指導する形式で解説しています。

　詳細は本編でお伝えしますが、**文章を磨くことで、仕事がはかどるだけでなく、確実に仕事が楽しくなります。**その一助となることを心から願って、本書を皆さんに贈ります。

工藤　勝己

CONTENTS

第 **3** 章 もっと伝わる文章を書く
読み手の納得・共感を高めるコツ

第 **5** 章 # 効果的な文章を書く
報告書から議会答弁書まで

第 **6** 章 ## 文章を吟味し、推敲する
行政文書を書く責任を自覚する

第 1 章

仕事を楽しむために文章を磨く

公務員に文章力が不可欠な理由

1 >> 仕事を楽しむために 文章力は欠かせない

36年の公務員人生を送ってきて、確信したことがあります。

文章が書けない人は損をしている。

公務員の仕事の醍醐味は、住民の生命と財産を守るという強い使命感が仕事の原動力になっていくことだと思います。

「子育て支援」や「福祉」「地域振興」「防災」など、どのような部署に配属されたとしても、誰もが「住民の暮らしを守る」という同じベクトルを持って業務を遂行しているはずです。

仕事の醍醐味を存分に味わい、その成果を大いに楽しもうとするならば、正確でわかりやすい文章を書くスキルは必須です。

例えば、危機管理の部署に配属されて「地域防災計画」の改定に携わることになったとします。

現行の計画を徹底的に読み解いて、警察や消防などの関係機関と協議・調整を重ねながら計画に反映すべき項目をピックアップしていきます。そして、いよいよ文章化する段階がやってくるのです。

さて、ここで文章が書けないとどうなるでしょうか？

重要な計画の改定を主体的に担ってきたにもかかわらず、その仕上げ段階で、どこからか借りてきたような文章で取り繕うことになってしまいます。これでは、仕事の醍醐味を味わうことも、

仕事の成果を楽しむこともままならなくなってしまいますね。

文章が書けない人は、やっぱり損をしているのです。

係長や課長に昇進すると、文章を書く機会は確実に増えます。

例えば、首長や議員に対して事業の進捗状況を説明する際には、わかりやすい報告書を作成する必要があります。また、議会答弁書の作成、組織改正や人員要求の根拠資料の作成など、重要な局面では必ず文章を書くことになります。

このように考えてみると、**公務員の仕事の中で「文章を書く」という行為が占める比重は極めて大きい**ことがわかります。そして、**文章がうまい人と苦手な人を比べると、仕事の成果には圧倒的な差が出ている**と思われるのです。

文章を磨くことで、私たち公務員が得られるメリットは、大きく以下の3つです。

① **仕事がうまく進むようになる**

② **仕事の成果を大いに楽しむことができる**

③ **仕事の醍醐味を存分に味わうことができる**

本書を通じて文章を磨くことで、これらのメリットを最大限に享受してください。

≫POINT

文章を磨くことの素晴らしさをぜひ実感してください。「思い立ったが吉日」「明日やろうは馬鹿野郎」とも言います。今すぐ行動に移して、一生モノのスキルを手に入れましょう。

2 ≫ 良い文章には 「納得させる力」がある

公務員の文章力が試される代表的なものを挙げてみましょう。

① 新規事業の企画提案書

② 予算要求の根拠資料

③ 組織改正や人員要求の説明資料

④ 住民説明会の配布資料

⑤ 議会答弁書

このように列挙してみると、日常業務で文章を書く機会はとても多く、そのほとんどは読む人に納得してもらうために書いていることがわかります。

わかりやすくて正確な文章を書いて相手を納得させることが、仕事で成果を出すための秘訣だと言っても過言ではないでしょう。

例えば、防災まちづくりを推進するために、土地区画整理事業や市街地再開発事業を実施している自治体が多くあります。このような事業では、住民の財産を適正に評価して補償することで、公共の利益のために住居を移転してもらうことになります。そこには、賛成や反対の意見の他にも、慎重な立場や中立的なスタンスなど多様な価値観の住民が存在します。

合意形成の過程では、まちづくりの必要性を理解してもらうために、住民に宛てた手紙を書くこともあり、説得するためのツールとして「文章」が活用されています。ここでは、住民に納得してもらうために工夫をした文章の事例をご紹介しましょう。

○

日頃から、ご指導ご鞭撻をいただいていることに心から御礼申し上げます。

○○様の思い出が詰まった大切な土地や建物が、再開発事業によって移転せざるを得なくなっていることは、**誠に心苦しい限り**でございます。**【共感】**

平成28年に、新潟県糸魚川市で発生した大規模な延焼火災は未だに記憶に新しく、街並みが極めて似ている本地区におきましても対岸の火事とすることなく、他山の石として**その教訓をしっかりと街づくりに活かしてまいりたい**と考えております。**【具体例の提示】**

防災性の向上や良好な住環境の形成に寄与するこの事業により、燃えないまち、逃げなくてもすむ安全・安心のまちを息子さんやお孫さんに遺すことができるなら、**○○様の大切な土地や建物がかけがえのない新たな財産として生まれ変わることになる**ものと確信をしております。**【メリットへの言及】**

ぜひ○○様のお力をお貸しください。

「共感」「具体例の提示」「メリットへの言及」という流れで、誠実に想いを伝える。これが納得してもらう文章のコツです。

≫POINT

「納得」が「共感」を呼び、さらに「説得」へとつながります。読み手の立場を尊重し、読み手にしっかりと寄り添いながら言葉を紡いでいきましょう。

3 ≫ 読んでもらえる文章を書く

　少しショッキングなお話かもしれませんが、**文章を書いたら相手は必ず読んでくれるものだと思ったら、それは大間違い**です。

　忙しい読み手は常に情報を取捨選択しており、自分にとって有益でない文章は読み飛ばす傾向にあります。読んでストレスを感じるような文章も、最後まで読もうとはせず、途中で読むのをやめてしまいます。まともに読んでもらえずに、書き手の自己満足で終わっている文章は、想像以上に多いのです。

　苦労して作成した文書がまともに読んでもらえないとすれば、費やした時間と労力は無駄になってしまいます。そして、仕事を円滑に進めるためのツールとしての文章を使いこなせていないことになるのです。

　つまり、私たち公務員が文章を磨くべき最大の理由は、「読んでもらうため」だと言っても過言ではないでしょう。

　仕事を円滑に進めるために、私たちは日頃から多くの文章を書いています。なぜなら、口頭で伝えるよりも文章で訴えかけた方が効果的だからです。

　例えば、国庫補助金申請のヒアリングに向け、事業の目的や効果を説明するための資料を作成します。時には、事業に非協力的な住民を説得するために、心を込めて手紙を書くこともあります。

　重要な局面で、私たちが書いた文章をしっかりと読んでもらう

ためには、まず、読み手の顔を思い浮かべて、相手がどんな情報を求めているのかを正確に把握した上で、**「伝え方」**を工夫する必要があります。

また、相手にどのように解釈されるかにも思いを巡らせ、**「伝わり方」**を意識しながら書くようにしなければなりません。

最後までしっかり読んでもらうための要件は次のとおりです。

●**読んでもらえる文章の要件**
　① **わかりやすいこと**
　② **正確に伝わること**
　③ **テンポよく読めること**
　④ **読み手本位であること**
　⑤ **読む人にストレスを与えないこと**

　読んでもらえない文章は、このうちいずれかの要件を欠いていることになります。

　文章は、読んでもらえなければ価値がありません。私たち公務員はこのことを肝に銘じて、**「読んでもらうため」**に文章を磨かなければなりません。そして、仕事を円滑に進めるためのツールとして、文章を大いに活用しましょう。

» POINT

誰もが読んでもらうことを前提に文章を書きますが、大半の文章は読まれないことに留意し工夫する必要があります。読んでもらうことで初めて文章に魂が吹き込まれます。

4 ≫ 文章の怖さを 理解しておく

　皆さんもご存知のように、公共事業の多くは用地取得を伴います。土地所有者との土地売買契約を締結した段階で、土地の所有権を行政が取得するのです。

　建物や工作物がある場合には、それらの移転費用についても補償し、更地の状態で土地の引渡しを受けることになります。

　しかし、相手方が建物を移転せず、土地売買契約書に定めた期限までに土地を引き渡さないということもあります。

　そのようなケースでは、義務の履行を求めるために、用地取得を担当している職員が催告書を作成します。

　あなたは、令和3年3月31日までに別紙目録記載の建物及び工作物を収去して、同目録記載の土地を明け渡してください。
　本件土地の明渡しを遅滞したときは、明渡し完了の日までの土地使用料を支払っていただきます。
　なお、建物収去土地明渡請求訴訟を提起するための準備に着手したことを申し添えます。

　この催告書の文章をじっくりと読み返してみたときに、私たちは「文章の怖さ」を思い知らされることになります。

　なぜなら、この催告書には、建物及び工作物を収去する期限が

明確に記載されているものの、**土地明渡しの期限が全く記載されていないの**です。これでは、いくら催告を繰り返しても土地が明け渡されることはなく、この催告書によって土地使用料を徴収することも難しいものと考えられます。

　それでは、どのような文章にすべきだったのでしょうか？

| 読点を追加する |

○　あなたは、令和3年3月31日までに、別紙目録記載の建物及び工作物を収去して、同目録記載の土地を明け渡してください。

◎　あなたは、別紙目録記載の建物及び工作物を収去して、同目録記載の土地を**令和3年3月31日までに**明け渡してください。

| 修飾語の位置を変更する |

　読点の有無、修飾語の位置により、文章の解釈は大きく変わります。 最悪の場合、逆に訴訟を提起されて、行政側が敗訴することにもなりかねないリスクが文章には潜んでいるのです。

❷POINT

読点が1つ抜け落ちただけで、催告書もただの紙切れになりかねません。仕事で文章力を強みにするためにも、「文章の怖さ」をあらかじめ理解しておく必要があります。

5 >> 文章は住民と自分を守るもの

　公務員の業務は多岐にわたります。その中には、地域の課題を解決するために、法令によって住民に義務を課し、住民の権利を制限する業務も存在します。

　これは、住民の意思によらず、その権利を一方的に変動させたり、住民の身体や財産に実力を加えたりするものであり、「行政処分」又は「公権力の行使」と呼ばれています。

　そして、実際にこのような重い責任が伴う業務に従事している公務員は、少なくありません。

　行政処分とは、住民との合意に基づく行為ではなく、行政機関の一方的な判断によってなされる行為であり、代表的なものとしては「税の賦課」や「違反建築物の除却命令」などがあります。

　まちづくりを例に挙げてみましょう。

　土地区画整理事業では、道路や公園などの公共施設を整備するために、地区内の土地所有者が少しずつ土地を出し合います。そして、事業施行者は、これまで所有していた宅地に換えて新たに引き渡す宅地を指定し、土地所有者に通知します。

　その後、道路や公園などの工事に着手するために、建物の移転・除却を行う期日を通知し、建物所有者に自ら移転・除却をするよう促します。このような処分性のある通知文書を作成する公務員が、稚拙な文章を書くとどうなるでしょうか？

正確な意図が相手に伝わらず、読む人によって解釈が分かれる

ことにもなりかねません。その結果、所有している複数の建物のうち、移転・除却をする必要がない建物までをも住民が自主的に解体するようなことになれば、**住民を守るべき立場の公務員が住民に大損害を与えることになってしまう**のです。

そして、最悪のケースでは損害賠償請求訴訟を提起されて、公務員個人の責任が問われる事態に発展することにもなります。

国家賠償法第1条は、公権力の行使にあたる公務員に「故意」又は「重大な過失」があった場合に、国又は公共団体がその公務員に対して「求償権」を有するものと定めています。

公務員は、組織の一員として職務を行っていますが、国又は公共団体は、被害者に支払った賠償金を公務員個人に請求できることになっているのです。

稚拙な文章を書いたばかりに住民に大損害を与え、順調だった公務員人生を台無しにすることがないように、私たちは文章を磨かなければなりません。

「備えあれば憂いなし」

わかりやすくて正確に伝わる文章を書くことは、自分の身を守るためにも、公務員にとって必須のスキルなのです。

⨝POINT

前任者が書いた文章を安易な気持ちで使い回すのは禁物です。借り物ではない自分の言葉で書く本物のスキルをぜひ身につけてください。

感性を磨くと
文章が光る

　皆さんは、「感性」について考えたことがありますか？　辞書を引いてみると、「対象からの印象を感じとる心のはたらき」とあり（『角川必携国語辞典〈第13版〉』）、類語として「感受性」が挙げられています。

　私は、感性を「心の感度」だと捉えています。そして、この感性こそが文章と深く関わっていると考えています。なぜなら、文章とは自分の考えを主張するためだけに書くものではなく、多様な世代の様々な価値観を持った読み手に心を寄せ、「読まれ方」「読ませ方」に神経を尖らせて、感性を働かせながら書くものだからです。

　感性は、生まれながらにして誰にでも備わっている能力です。そして、磨くことによって研ぎ澄まされていきます。

　例えば、寿司屋の入口に「忘年会3000円より（鍋あり）」という貼り紙があったら、皆さんはどのように感じるでしょうか？

　ある人は、「もう忘年会の季節か」と時の流れの速さにハッとするでしょう。またある人は、「鍋もやっているんだ」と思うかもしれません。

　一方で、貼り紙を作った人の立場で読むと、どうでしょう？　「私が店主だったら、鍋をアピールするよりも寿司屋らしくネタで勝負したいな」と考え、「いつもより大きなネタでお待ちしています」という貼り紙を作ることを連想するかもしれません。

　このように、店の貼り紙などを単に客の立場だけで見るのではなく、自分が作り手の立場ならどうするかを考えることでも、感性を磨くことができます。

　キラリと光る文章を書くために、ぜひ感性を磨きましょう！

第 2 章

わかりやすい
文章を書く

公務員の文章は「簡潔明瞭」が命

6 ≫ 「話し言葉」と 「書き言葉」を混同しない

「すみません」が発音しづらいために変化

✕ 議会報告資料の作成が遅れ、**すいませんでした**。

△ 議会報告資料の作成が遅れ、**すみませんでした**。

○ 議会報告資料の作成が遅れ、**申し訳ございませんでした**。

　「話し言葉」（口語表現）を文書やメール等で用いるのは非常識とされ、読み手に対して失礼にあたります。

　例えば、話し言葉では相手の会社を「御社」と表現しますが、書き言葉では「貴社」を用います。口語表現の接続詞「なので」「ですから」を文書に用いるのも禁物です。

典型的な「ら抜き言葉」

✕ 計画（素案）は図書館などの公共施設で**見れます**。

△ 計画（素案）は図書館などの公共施設で**見られます**。

○ 計画（素案）は図書館などの公共施設で**閲覧できます**。

い抜き言葉

× 予算が減額された理由を**知ってますか**。

△ 予算が減額された理由を**知っていますか**。

○ 予算が減額された理由を**ご存知ですか**。

　「見られる」から「ら」を抜いた「ら抜き言葉」、「知っている」から「い」を抜いた「い抜き」言葉も、**会話では許容されますが文章ではNG**です。また、「伸びなさそう」「足りなさそう」など、動詞の否定形に「さ」を入れる「さ入れ言葉」にも注意しましょう。

× 全労働者数を100とした若年労働者数の割合は、来年度も**伸びなさそう**な状況と**なってます**。国や県は、若者が安心して働くための適切な支援を**受けれる**よう連携しながら対応**してます**。

「さ入れ」「い抜き」「ら抜き」のオンパレード

❯❯POINT

親しい友人とのSNSでは、話し言葉を使ってメッセージを書くことも許容されますが、仕事では禁物です。恥をかかないように注意しましょう。

7 » 主語と述語を対応させる

主語と述語の関係が破綻している状態を、「文章のねじれ」と いいます。「ねじれ文」に出合ってしまうと、読み手は想像力を フル稼働させて理解しなければなりません。

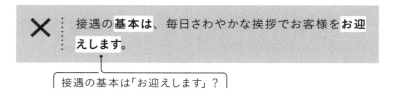

× 接遇の**基本は**、毎日さわやかな挨拶でお客様を**お迎 えします。**

接遇の基本は「お迎えします」？

この文の主語は「接遇の基本」ですが、述語が「お迎えします」 では意味が通じず、文章として成立しません。

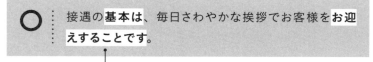

○ 接遇の**基本は**、毎日さわやかな挨拶でお客様を**お迎 えすることです。**

「お迎えする」（動詞）に「こと」をプラス

このように、「お迎えすることです」と動詞に「こと」を付け て名詞化して受けると意味が通じます。「基本は」をはじめ、「特 徴は」「ポイントは」などの属性を述べるときは、動詞に「こと」 や「点」などを付けた名詞で受けると主語と述語が合致します。

また、次のように一文が長くなってしまうと、主語と述語が離 れてしまい「文章のねじれ」が起こりがちです。

窓口のお客様が**多いのは**、大安や友引など縁起の良い日と、3月から4月にかけての引越しシーズンに多くのお客様が市役所に**訪れます。**

「窓口のお客様が多いのは」という主語に対して、「訪れます」という述語になっています。この場合も名詞で受けると意味が通ります。

 窓口のお客様が**多いのは**、大安や友引など**縁起の良い日と**、3月から4月にかけての**引越しシーズンです。**

> 名詞で「○○と□□です」の形にする

次のように、主語を「窓口には」に修正することで、動詞で受けることもできます。

 窓口には、大安や友引など縁起の良い日と、3月から4月にかけての引越しシーズンに多くのお客様が**訪れます。**

》POINT

主語と述語は、文章の骨格です。文章を書き終えたら、主語と述語のキャッチボールを意識して、骨格が崩れていないか確認する作業を怠らないようにしましょう。

8 » 主語を途中で変えない

　1つの文で2つのことを表現する場合、文の前半と後半で主語が変わってしまうと読み手を混乱させてしまいます。特に、**後半の主語が省略されている場合には注意が必要**です。

> ✕ 行政評価制度を活用して、係長は主任に自らの業務の無駄を省く工夫をさせ、**市民が納めた血税を大切に使う職員にならなければならない。**

　　　　　　　　後半の主語は誰？

　前半の主語は「係長」ですが、後半の主語は「主任」になっています。このような文を読む場合、誰もが主語は1つだという前提で読み進んでいきますが、その予想を見事に裏切っています。**1つの文に2つの主語があり、後半の主語が省略されている場合、一度読んだだけでは理解できない**ため、もう一度読み返すストレスを読み手に与えてしまいます。

> ◯ 行政評価制度を活用して、係長は主任に自らの業務の無駄を省く工夫をさせ、**市民が納めた血税を大切に使う職員として育てなければならない。**

　　　　　　　　主語を「係長」に統一

　このようにすると、主語は「係長」で統一されます。

　「工夫をさせる」のも「育てる」のも係長の役割だということが明確になり、スッキリします。

 私は行政評価制度を担当しており、**行財政改革を進めるためには極めて有効な制度である。**

　　　　　　　　　　　　後半の主語は何？

　この例文は「私」という主語で始まりますが、途中から「行政評価制度」が主語になっています。短い文なので、2つの主語を用いるのではなく、1つの主語でシンプルに表現しましょう。

 私は行政評価制度を**担当している**が、行財政改革を進めるためには極めて有効な制度だと**思っている。**

　　　　　　　　　　　　主語を「私」に統一

　「私は担当している」「私は思っている」とすることで、1つの主語で2つのことを表現することができます。このように、**「一文一主語」を心がけると、シンプルでわかりやすい文章が書ける**ようになります。

◎POINT

主語を途中で変えると、読み手が迷子になってしまいます。いつの間にか主語が変わっていないか、必ず読み返して確認しましょう。

9 ≫ 「は」と「が」を使い分ける

　わかりやすくてメリハリのある文章を書くためには、助詞を正しく効果的に用いる必要があります。

　助詞の使い方を誤ると、書き手の意図している内容がうまく伝わらず、誤解されることにもなりかねません。

　わかりやすい事例は、誰かを指名するときの助詞の使い方です。

「君がいい」「君でいい」「君もいい」「君はいい」

　これだけでも、助詞の偉大さを痛感させられますね。

　さて、助詞の中でも、使い方に迷うことが多く厄介な存在とされているのが「は」と「が」です。一般的に、「は」の前に既知の主語を置き、「が」の前には未知の主語を置くとされていますが、通常は 「〜は」の後には名詞や形容詞を、「〜が」の後には動詞を配置することになります。事例を見てみましょう。

●一般的な使い分け

◯	町会**は**地域コミュニティの要である。【「は」＋名詞】
◯	町会の活動**は**頼もしい。【「は」＋形容詞】
◯	町会**が**防災訓練を行った。【「が」＋動詞】

　一般的な使い分けは、このようになりますが、あえて一般的でない使い方をすることもあります。例えば、他と比較するようなニュアンスを醸し出して、主語を際立たせるような場合です。

●効果的な「が」の使い方

> ◎ : 町会が地域コミュニティの要である。【「が」＋名詞】

> ◎ : 町会の活動が頼もしい。【「が」＋形容詞】

　比較対象がある場合、このように主語と名詞、主語と形容詞を「が」で結びます。これにより、**「他の誰よりも（モアザンベスト）」というニュアンスを醸し出す**ことができます。

●効果的な「は」の使い方

> ◎ : 町会は防災訓練を行った。【「は」＋動詞】

　このように、主語と動詞を助詞「は」で結ぶことで、**「他の誰でもない（オンリーワン）」というインパクト**が出てきます。

◎POINT

助詞の使い分けによって読み手の印象を操作できます。助詞を厄介なものだと思わずに、その使い分けを楽しみながら書くようにすれば、文章はますます味のあるものになります。

10 ≫ 「の」「に」「も」を 連続して使わない

便利な助詞として多用されがちなのが、「の」です。しかし、「の」が何度も登場する文章を書くと、「誰が書いたの?」と言われて恥をかくことになってしまいます。

「の」だらけ!

⚠ 市は、地域住民の皆さんの防災知識の向上と防災意識の高揚を図るため、町会の自主防災活動の支援を行っています。

助詞を減らすと洗練される

⭕ 市は、地域住民に防災知識を普及し、防災意識の高揚を図るため、町会の自主防災活動を支援しています。

このように、助詞の整理整頓をしながら表現を工夫すると、文字数を減らすことができ、よりシンプルでわかりやすい文になります。

不要な助詞がないか、言い回しを変更して助詞を減らせないかチェックする習慣をつけましょう。

同じように、「に」も多用されがちな助詞です。

市は、現地に赴いて防災に関する情報を小学校区ごとに整理し、防災カルテに反映するように努めています。

 市は、防災関連の情報を現地で把握しながら、小学校区ごとに防災カルテを作成しています。

「も」を多用した事例も挙げておきましょう。

[「も」が自信のなさを象徴]

 古紙も空き缶も集積所からの持ち去り行為が昨年度も減少しなかったため、罰則規定も盛り込んだ条例を制定した。

 古紙と空き缶を集積所から持ち去る行為が昨年度も減少しなかったため、罰則規定がある条例を制定した。

このように、**助詞の数が多すぎたり、同じ助詞が連続して使われていると、稚拙で回りくどい表現になってしまいます。**

洗練された文章を書くために、助詞の整理整頓をしましょう。

❷POINT

書いている段階では、不適切な助詞の使い方に気づかないこともよくあります。書き終えてから読み返して、しっかりとチェックすることを忘れないでください。

11 ≫ 一文一意で シンプルに書く

　気合十分の受験者が書いた昇任試験論文には、1つの文で全てを表現しようとする「あれもこれも型」が少なくありません。

　説得力がある格調高い文章を書こうとして頭をひねっているうちに、「あれも書かなきゃ」「これも書かなきゃ」と思考が膨らみ、1つの文がどんどん長くなってしまうようです。

　昇任試験論文だけでなく、職場でもそのような文章を多く見かけます。例えば、次のような研修実施通知が届いたとします。

> △ この研修は、維持管理・更新に係る本格的なPDCAサイクルへの移行を図るにあたっての人材育成の充実の一環として、老朽化による社会的な影響が大きく、点検による安全性の確認が急務となっている橋梁を対象に、実務的な点検の適切な実施・評価に**重点を置いたものです。**

一文に情報を詰め込みすぎ

　いかがでしょうか？　この研修のねらいも「あれもこれも型」で、読み手が置き去りにされている印象がありませんか？

　それでは、読み手に寄り添ったわかりやすい文章にリメイクしてみましょう。

○　橋梁は、老朽化の進行に伴う社会的な影響が大きい都市施設であるため、点検による安全性の確認が**極めて重要です。**

今後、耐用年数を迎える橋梁が増加することに伴い、維持管理や更新に係るPDCAサイクルを本格的に機能させる必要性が、**ますます高くなります。**

この研修では、橋梁点検の実践的な手法を習得すると共に、PDCAサイクルの「実施（D）」と「評価（C）」に重点を置き、維持管理や更新に係る実務を**学びます。**

　伝えたい内容を「一文一意」で表現すると、このような三文構成になります。

　一文で表現するのは到底困難なのに、原文のように強引にあれもこれも詰め込んで表現すると、読み手に苦痛を与える文章になってしまいます。書いている本人は、そのことに気づきにくいため、決裁権者である上司が「一文一意で書くように」と修正指示を出しましょう。

　「あれもこれも型」の文章が外部に発信される前にストップをかけるのも、係長や課長の大切な役割です。「最後の砦（とりで）」は自分なのだという自覚を持って、文章と向き合いましょう。

≫POINT

一文にたくさんの内容を詰め込んでしまうと、読み手の理解が追いつかず、前半に書かれていることを忘れてしまいます。「一文一意」で読み手本位の文章を書くことを心がけてください。

12 ≫ 「こと」「もの」は 削ってみる

　様々な文章に触れていると、その人特有の言い回しに違和感を抱くことが少なくありません。例えば、形式名詞（それ自体は実質的な意味を持たず、節を名詞化する語）を多用する人がいます。

回りくどい

△　男女共同参画社会を実現する**こと**においては、男女の人権を尊重する**こと**によって、政策・方針決定過程への女性の参画が進む**こと**や、男女がともに働きやすい職場環境が整備される**こと**が必要です。

　1つの文に、形式名詞である「こと」が4回も登場しています。長い年月をかけて定着した癖で、書いている本人は全く気づいていないのでしょう。しかし、**「こと」を使わず、素直に動詞で表現すれば、前向きな印象のスッキリした文章になります。**

○　男女共同参画社会を実現するためには、男女の人権を**尊重し**、政策・方針決定過程への女性の参画を**進め**、男女がともに働きやすい職場環境を**整備する**必要があります。

「こと」を使わず動詞で表現

　同じく、形式名詞である「もの」についても、例文をご紹介しましょう。

哲学的な言い回し？

 人事という**もの**は、本人の思うようにならない**もの**であり、どのような部署に配属されたとしても戦力になれるように、日頃から能力向上に努めておくべき**もの**である。

具体的な言葉に置き換える

 人事とは、本人の思うようにならないのが**常**であり、どのような部署に配属されても戦力となれるように、日頃から能力向上に努めておくべきである。

　原文では、形式名詞「もの」が3回使われていましたが、2つは言い回しの変更で削除し、1つは「常」という具体的な言葉に置き換えてみました。

　形式名詞には、この他にも「とき」「ところ」「わけ」「はず」など様々なものがあります。

> **»POINT**
>
> 多くの場合、形式名詞「こと」「もの」がなくても文章は成立します。不要な「こと」「もの」は削り、文章をシャキッと歯切れの良いものにしましょう。

13 ≫ 語尾の言い回しに変化をつける

　語尾が「である」や「です」「ます」で統一されている文章を見かけることがありませんか？　**同じ語尾を繰り返すと、単調で抑揚がない文章になってしまう**ため要注意です。

> △　駅前地区は、道路が狭く老朽化した木造家屋が密集しているため、防災性の向上が喫緊の課題と**されている**。
> また、後継者がいないためにシャッターを閉めたままとなっている店舗も増えており、商店街の衰退によるまちの活力低下が懸念**されている**。
> そこで、危機感を持った地元の住民有志が立ち上がり、昨年6月には駅前地区まちづくり協議会が設立**されている**。
> 今年度は、市と協議会の協働により、まちづくり戦略プランを策定し、地元住民に周知するための説明会が開催**されている**。

　　└ 同じ語尾の繰り返しで単調 ┘

　この例文は、「されている」という語尾が繰り返されているため、単調でテンポよく読むことができません。特に、このような受け身の言い回しを繰り返すと、当事者意識がない無責任な印象の文章になってしまいます。

○ 駅前地区は、道路が狭く老朽化した木造家屋が密集し
ているため、防災性の向上が喫緊の課題**である。**
また、後継者がいないためにシャッターを閉めたまま
となっている店舗も増えており、商店街の衰退による
まちの活力低下が懸念**されている。**
そこで、危機感を持った地元の住民有志が立ち上がり、
昨年6月に駅前地区まちづくり協議会を設立**した。**
今年度は、市と協議会の協働により、まちづくり戦略
プランを策定し、地元住民に周知するための説明会を
開催**しているところである。**

「進んでいる感」が出る語尾

このように、**語尾の言い回しに変化をつけるとテンポよく読め
るようになり、メリハリの効いた説得力ある構成になります。**

最後の「説明会を開催しているところである」という言い回し
は、まちづくりが着実に進んでいることを強く滲ませる効果があ
ります。このため、議会答弁書でもよく用いられています。

≫POINT

同じ語尾の繰り返しは、単調なだけでなく読み手に稚拙な印
象を与えてしまいます。行政への信頼感と安心感を高められ
るように、語尾の言い回しを工夫しましょう。

14 » 同じ言葉を多用しない

　書いている本人は往々にして気づいていませんが、1つの文の中に同じ言葉が何度も登場することがあります。

　「これ誰が書いたの？」と言われることになってしまうので、注意したいものです。

　それでは、例文を見てみましょう。

　都心**から**20分足らずなのに<u>本市</u>には<u>多くの</u>緑があり、<u>本市</u>の公園には各地**から** <u>多くの</u>人々が訪れている。

　この例文では、「から」「本市」「多くの」がそれぞれ2回ずつ用いられています。同じ響きの表現を多用するのは、会話ではあまり気になりませんが、活字にするとたちまち違和感が出てきてしまいます。

　都心から20分足らずの立地でありながら緑が**豊富**なこともあり、本市の公園は市内外の人々で**賑わっている**。

> 「多くの」を「豊富」「賑わい」に置き換える

　他の言葉に置き換えることで、文章がスッキリします。

　次の例文は、市民プールの利用状況を説明する文章ですが、同じ言葉のオンパレードになっています。

公園内の**プール**は、25m**プール**と幼児用**プール**があり、親子連れにも人気が**ある**プールであり、夏休み期間中には約10,000人が利用する**プール**なので、この**プール**は市民の貴重な財産で**ある**。

「プール」という言葉が6回も使われているのに加え、「あり」「ある」という言い回しがそれぞれ2回登場するため、とてもしつこい印象があります。**やむを得ず同じ言葉を使う場合であっても、一文で2回までに抑えたいものです。**

 公園内には、「全長25m」と「幼児用」の2つのプールがある。親子連れにも人気があり、夏休み期間中は約10,000人が利用する市民の貴重な財産である。

一文に6回も使われていた「プール」を、1回だけに抑えてシンプルに表現し、しつこい印象を解消しました。

≫POINT

文章を書き終えたら、同じ言葉が多用されていないかチェックしましょう。うるさい印象がある場合は、言い回しを変えたり他の言葉に置き換える工夫が必要となります。

15 ≫ 修飾語は直前に置く

　修飾語は、適切な位置に置かないと書き手が意図していること
が正確に伝わりません。

> △　このセミナーは、**平成28年度より**、所管業務に関連す
> る多様で幅広いテーマについて、自らの担当分野にと
> らわれずに考える機会を設け、今後の業務に活かして
> いくことを目的に開催しているものです。

　「平成28年度より」という修飾語が文章の前半にあり、読み手
の理解を阻害していることがわかります。このセミナーがいつか
ら開催されているかという情報は、さほど重要ではないので文章
の前半に配置する必要はありません。

> ○　このセミナーは、所管業務に関連する多様で幅広い
> テーマについて、自らの担当分野にとらわれずに考え
> る機会を設け、今後の業務に活かしていくことを目的
> に**平成28年度より**開催しているものです。

　　　　　　┃ 被修飾語の直前に置く ┃

　次の例文のように、修飾語の位置を誤ると、複数の解釈ができ
る「読み手泣かせの文章」になってしまうこともあります。

修飾語が迷子です

⚠ **迅速に**地震や台風などで発生した災害廃棄物を焼却又は資源化処理できる施設を整備する必要がある。

「迅速に」という修飾語が文頭にあるため、どの言葉を修飾しているのかが不明で、読み手の解釈が分かれてしまいます。

○ 地震や台風などで発生した災害廃棄物を**迅速に**焼却又は資源化処理できる施設を整備する必要がある。【①】

○ 地震や台風などで発生した災害廃棄物を焼却又は資源化処理できる施設を**迅速に**整備する必要がある。【②】

◎ 地震や台風などで発生した災害廃棄物を**迅速に**焼却又は資源化処理できる施設を**早急に**整備する必要がある。【③】

①と②を比べるとわかるように、修飾語の位置によって読む人の解釈は大きく異なります。この例文の場合は、③のように2つの修飾語「迅速に」「早急に」を用いるのがよいでしょう。

»POINT

読みやすくて理解しやすい文章は、修飾語と被修飾語の係り受けがしっかりしています。修飾語は、迷子にならないように被修飾語の直前に置くことを意識してください。

16 » 長い修飾語を前に置く

> 美しいのは花と緑？

△ 本市の特長は、**美しい**花と緑があふれるまちだということです。

○ 本市の特長は、**花と緑があふれる**美しいまちだということです。

　原文には「美しい」「花と緑があふれる」という2つの修飾語がありますが、短い修飾語が前にあるために、「美しい」が「花と緑」にかかるのか、「まち」にかかるのか、曖昧です。

　そこで、改善文のように、**修飾語の位置を入れ替えて、長い（文字数が多い）修飾語を前に配置すれば、書き手の意図が正しく伝わる**ようになります。

　もう1つ、よく目にする事例をご紹介しましょう。

△ 近年、国内外で大地震や**台風による洪水の発生**などの自然災害が多発しており、非常事態に備え、自治体と企業の緊密な連携が一層求められています。

　紛らわしい表現ですね。「大地震」と「台風」は同じ自然災害であるため、「大地震や台風による」と並列表記された修飾語として「洪水の発生」にかかるように読まれてしまいます。

○　近年、国内外で**台風による洪水の発生**や大地震などの自然災害が多発しており、非常事態に備え、自治体と企業の緊密な連携が一層求められています。

　違和感はなくても、意図が正しく伝わらない場合もあります。

「危険な」が「災害」にかかる

△　危険な**災害が切迫している**状況になったら、ためらわずに避難してください。

「危険な」が「状況」にかかる

○　**災害が切迫している**危険な状況になったら、ためらわずに避難してください。

　短い修飾語が前にあると、2つの修飾語が一体の修飾語として解釈されることが多いため、長い修飾語を前に置きましょう。

◎POINT

理解しにくい文章や、読後感のスッキリしない文章を改善したいときは、文中にある修飾語の順序をチェックしてみましょう。

17 » 適切な接続詞を用いる

接続詞は、読み手が迷わないように導くための道標<ruby>道標<rt>みちしるべ</rt></ruby>になります。
接続詞の使い方を誤ると、間違った道標を立てることになり、読み手が迷子になってしまいます。

> ワーク・ライフ・バランスの重視、育児や介護との両立など、働く人のニーズが多様化しています。
> **一方**、個々の状況に応じて多様な働き方を選択できる社会の実現を目指して、働き方改革が進められています。
> **なお**、柔軟な勤務体系の実現や長時間労働の是正に向けて、自治体においてはテレワークの導入が進んでいます。

道標になっていない

　筋道を立てて書くべき内容なのに、接続詞の使い方が不適切なために、全く説得力がない文章になってしまいました。
　「一方」は、対照的な内容の文をつなぐ「対比の接続詞」です。前後の文に方向性の違いや何らかの相違点があることを読み手に示唆する効果があります。しかし、この原文では、社会背景を捉えた先行文と、それを受けて国の動きを説明する後続文を「一方」で結んでいるため、読み手の理解を阻害しています。

　「なお」は、補足修正や微調整のための接続詞です。先行文に関連する内容を追記する意味合いがあり、「余談ですが」「ちなみに」と言い換えることもできます。しかし、この原文では、国の動きを説明する先行文と自治体の取組みを書いた後続文を「なお」で結んだため、自治体の取組みが霞んでしまいました。

○　ワーク・ライフ・バランスの重視、育児や介護との両立など、働く人のニーズが多様化しています。
　このため、個々の状況に応じて多様な働き方を選択できる社会の実現を目指して、働き方改革が進められています。
　例えば、柔軟な勤務体系の実現や長時間労働の是正に向けて、自治体においてはテレワークの導入が進んでいます。

接続詞が有効に働く

　社会背景、国の動き、自治体の取組みという3つの内容は、論理的につながっています。そこで、「このため」「例えば」という接続詞を用いて、後続文が具体的な取組みを説明していることを読み手に示唆すると説得力が高まります。

》POINT

効果的な接続詞を用いると、読み進めるための方向性が定まり、長い文章でもストレスなく読むことができます。接続詞は、読み手の理解を助ける道標なのです。

18 ≫ 読点で文意を整理する

| 人口が多いのはA市？　B市？ |

✕ A市は人口が多く面積が広いB市より財政状況が良い。

　読点は、修飾する語と修飾される語を明確にする大切な役割を担います。このため、適切な位置に読点を打たないと、書き手が意図していない解釈をされることになってしまいます。この例文には読点がないため、「人口が多く」がどこに係る言葉なのかわかりません。そこで、適切な位置に読点を打って、解釈がブレないようにする必要があります。

| 人口が多いのはB市 |

○ A市は、人口が多く面積が広いB市より財政状況が良い。

| 人口が多いのはA市 |

○ A市は人口が多く、面積が広いB市より財政状況が良い。

　このように、読点の位置で文の意味は大きく変わります。
　次の例文では、読点が読み手のリズムを阻害しています。

そんなに読点が好きなの？

△ 地域で住民の声を聞いた職員も、係長も、把握した課題に対して、有効な施策を立案する能力がなければ、複雑化、多様化する市民ニーズに、応えることはできない。

　多すぎる読点を削りましょう。注意しなければならないのは、「地域で住民の声を聞いた」という修飾語が「係長」にも係るのかどうかです。係長も地域に出て住民の声を聞いたなら「職員も」と「係長も」の間にある読点は削除することになります。

○ 地域で住民の声を聞いた職員も係長も、把握した課題に対して有効な施策を立案する能力がなければ、複雑・多様化する市民ニーズに応えることはできない。

　読点の打ち方には様々なルールがありますが、**①接続詞や長い主語の後に打つ**、**②伝えたい内容の区切りで打つ**、**③修飾語がどの言葉に係るか明確になる位置に打つ**、この3つを押さえておきましょう。

≫POINT

読点を打たなかったり、不適切な位置に打ったりすると、誤解を招きトラブルに発展しかねないため注意する必要があります。読み手のために「最善の読点」を打ちましょう。

19 » わかりやすい 語順で並べる

難しい内容ではないのに、なぜか難解な文章があります。

原因は単純です。わかりやすい語順で並んでいないのです。

私たち公務員は、難解で紛らわしい文章を書いて、読み手に不安や迷いを与えてしまうことは避けなければなりません。

例えば、研修の受講案内に、次のような「研修のねらい」が記載されていたら、どうでしょうか。

 児童虐待に関する知見を深め、被虐待児童への対応と保護者に対する支援策の考察や事例討議を通じ、児童虐待に適切に対応できる能力の向上を図る。

短い文なのに、なぜか難解でテンポよく読めませんね。この文を分解して、その原因を探ってみましょう。

① 児童虐待に関する知見を深め、**【研修の目的1】**
② 被虐待児童への対応と保護者に対する支援策の考察や事例討議を通じ、**【研修の手段】**
③ 児童虐待に適切に対応できる能力の向上を図る。**【研修の目的2】**

分解してみると、①と③は研修の「目的」であり、②は目的を

達成するための「手段」であることがわかります。つまり、2つある「目的」の間に「手段」が挟まれており、このことが難解な文になってしまった原因だと思われます。

　2つの改善文を見てみましょう。

●①－③－②【目的1－目的2－手段】

○：児童虐待に関する知見を深め、児童虐待に適切に対応できる能力の向上を図るために、被虐待児童への対応と保護者に対する支援策の考察や事例討議を行う。

●②－①－③【手段－目的1－目的2】

○：被虐待児童への対応と保護者に対する支援策の考察や事例討議を通じて、児童虐待に関する知見を深めるとともに、児童虐待に適切に対応できる能力の向上を図る。

　改善文は、いずれも説得力のある「研修のねらい」になりました。わかりやすい語順で並べることの大切さが、おわかりいただけたのではないでしょうか。

»POINT

思いついた内容を思いついた順に書き進めていくと、難解な文になってしまいます。このため、書き終えたら分解して並べ替えてみるという作業も必要となります。

20 » 余計な言葉は削ぎ落とす

　余計な言葉や無駄な表現が多く、理解するのに苦労する文章があります。洗練された文章を書こうとして言い回しの工夫を重ねているうちに、無意識に無駄な表現を加えてしまうのでしょう。

　しかし、いい文章を書きたいという書き手の気合に比例して文字数が増えると、わかりにくくなる場合がほとんどです。

　本日、令和元年度一般会計の予備費の使用につきまして閣議決定を行ったところでありますが、緊急対応策により新たに追加される感染症予防対策に伴う地方負担に対しましては、今回、新たに追加の財政措置を講ずることを予定しておりますので、その旨、本通知によりお知らせいたします。

回りくどい文章です。余計な言葉に下線を引いてみましょう。

　本日、令和元年度一般会計の予備費の使用<u>につきまして</u>閣議決定を<u>行ったところであります</u>が、緊急対応策により<u>新たに</u>追加される感染症予防対策に伴う地方負担に対しましては、<u>今回</u>、新たに<u>追加の</u>財政措置を講ずる<u>こと</u>を予定しておりますので、<u>その旨、本通知により</u>お知らせいたします。

　下線を引いてみると、余計な言葉がいかに多いかがわかりますね。下線部分を削ぎ落として、シンプルな表現にしてみましょう。

 本日、令和元年度一般会計の予備費の使用につきましてを閣議決定を行ったところでありますがしましたが、緊急対応策により新たにとして追加される感染症予防対策に伴うの地方負担に対しましては、今回、新たに追加の財政措置を講ずることを予定しておりますのであることを、その旨、本通知によりお知らせいたします。

整理すると、以下のようになります。

 本日、令和元年度一般会計の予備費の使用を閣議決定しましたが、緊急対応策として追加される感染症予防対策の地方負担は、新たに財政措置を講ずる予定であることを、お知らせいたします。

　余計な言葉を削ぎ落とすだけで、文章は格段に読みやすくなることが、おわかりいただけたのではないでしょうか。

≫POINT

格式の高い文章を書こうとして気合が空回りすると、文章のぜい肉がどんどん増えていきます。ダイエットしてぜい肉を削ぎ落とすことで、伝えたい内容がより明確になります。

21 ≫ もっと短い表現を使う

　一文を短くすると、**主語と述語、修飾語と被修飾語の関係がわかりやすくなります**。伝えたい内容がうまく整理できずに、ダラダラと長い文を書く癖がある人は、一文の文字数を気にするようにしましょう。**文字数の理想は40文字で、長くても50文字程度に収めるように**心がけたいものです。

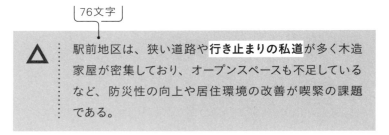

76文字

　△　駅前地区は、狭い道路や**行き止まりの私道**が多く木造家屋が密集しており、オープンスペースも不足しているなど、防災性の向上や居住環境の改善が喫緊の課題である。

　いかがでしょうか？　一文が長いので、読んでいてストレスを感じると思います。もう少し文字数を減らしてみましょう。

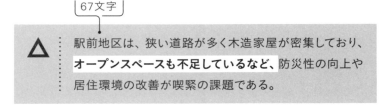

67文字

　△　駅前地区は、狭い道路が多く木造家屋が密集しており、**オープンスペースも不足しているなど**、防災性の向上や居住環境の改善が喫緊の課題である。

　文字数を減らしてみましたが、まだまだ読んでいて疲れますね。

一文の文字数としては、67文字でも多いことがわかります。

49文字

○：駅前地区は、狭い道路が多く木造家屋が密集しており、防災性の向上**や居住環境の改善**が喫緊の課題である。

いかがでしょうか？　読み手が理解しやすく、テンポよく読める文になったのではないでしょうか。適切な文字数を確認するために、もう少しスッキリさせてみましょう。

41文字

◎：駅前地区は、狭い道路が多く木造家屋が密集しており、防災性の向上が喫緊の課題である。

読んでいて全くストレスがないシンプルな一文が完成しました。

主語と述語の間に盛り込む内容が多すぎると一文が長くなってしまいます。どうしても省略できない内容であれば、別の一文で書き添えればよいのです。ここで紹介した事例を参考にして、文字量を調節してみるとよいでしょう。

>> POINT

文章は構造がシンプルであるほど、読みやすくなります。一文は「40〜50文字」を目安に、読み手本位で仕上げていきましょう。

22 ≫ 「カギ括弧」を効果的に使う

　文章の中で会話や発言を表現するときには、「カギ括弧」を使います。この「カギ括弧」が使えるのは、会話文だけではありません。特定の言葉を強調したいときも、とても便利です。

△	市長は、現場主義を貫いている。
○	市長は、**「現場主義」**を貫いている。

└─ 「現場主義」が強調される ─┘

△	本市の基本計画には、防災まちづくりと少子高齢化対策を重点事業として掲げている。
○	本市の基本計画には、**「防災まちづくり」**と**「少子高齢化対策」**を重点事業として掲げている。

└─ 文が引き締まる ─┘

　このように、カギ括弧を使うと文章にメリハリが生まれます。

　また、文章が長くなるほど「カギ括弧」を効果的に使うことで、キーワードが浮き出てきます。

東日本大震災をはじめとする近年の災害を教訓として国は平時の備えから大規模災害発生時の対応まで、切れ目のない災害対策を実施すべく、**災害対策基本法と廃棄物の処理及び清掃に関する法律**の一部改正を行いました。
災害廃棄物は**一般廃棄物**に区分されることから、災害廃棄物の処理の主体は、**市町村**となります。

> 法令名が文章に埋もれてしまう

 東日本大震災をはじめとする近年の災害を教訓として国は平時の備えから大規模災害発生時の対応まで、切れ目のない災害対策を実施すべく、**「災害対策基本法」**と**「廃棄物の処理及び清掃に関する法律」**の一部改正を行いました。
災害廃棄物は**「一般廃棄物」**に区分されることから、災害廃棄物の処理の主体は**「市町村」**となります。

> 視覚的な効果が出る

　読みやすい文章を書いている人は、例外なく「カギ括弧」をうまく使いこなしています。ぜひ、有効活用してください。

»POINT

読みやすい文章を書くために、「カギ括弧」は重宝な代物です。読み手が内容を整理しながら読めるよう、強調したい言葉は「カギ括弧」で括りましょう。

23 » 異質なものを並列しない

　異質なものやレベルが違う言葉を並列表記してしまうと、一度読んだだけでは理解できない難文になってしまいます。

△ : 地震発生後に参集して避難所業務を担う職員は、**気象情報**や**余震**、**支援物資**に注意する必要がある。

　言いたいことはなんとなく理解できるのですが、３つの異質なものを並列して表記しているため、違和感のある文になっています。レベルを揃えるために、表現を工夫してみましょう。

○ : 地震発生後に参集して避難所業務を担う職員は、**「気象情報の変化」**や**「余震の発生状況」**、**「支援物資の到着状況」**に注意する必要がある。

　　レベルを揃えてから並列する

　並列表記されていた３つの言葉の性質を揃えるために、「状況」を表す表現に統一してみました。原文で安易に並列表記されていた部分がいかに説明不足だったか、おわかりいただけたと思います。
　次に、そもそも並列表記すること自体に無理がある事例を見てみましょう。

本市においては、市民の**保育ニーズ**や**合計特殊出生率**、本市の**財政状況**などを踏まえて保育園の民営化を進めていくことが課題となっている。

　この事例では、3つの事柄を安易に並列して表記していますが、それぞれの事柄を丁寧に説明しないと読み手が理解できません。少し長い文章になるのを厭_{いと}わずに、説得力のある表現を考える必要があります。

> 説明不足を解消

 本市においては、**合計特殊出生率が低下している**ものの、共働き世帯が増加していることに伴い、保育需要はますます高まっている。
一方で、引き続き**予断を許さない財政状況**にあり、**多様化する保育ニーズ**に柔軟に対応することが困難になっている。
これらのことを勘案し、保育園の民営化を進めていくことが本市の重要かつ喫緊の課題である。

»POINT

並列させる言葉にも相性があります。必要に応じて、レベルを揃えたり、丁寧な説明で補ったりすることが大切です。常に読み手の負担を減らすことを考えましょう。

24 ≫ 「等」を付けすぎない

　文章を書く際に、「等」を多用する人がいます。

　「この『等』には何が含まれるの？」と尋ねても、明快な答えが返ってくることは稀で、「ん〜」と頭を傾げる人がほとんどです。

　不安だから、とりあえず「等」を付けておこう。そんな心理が働くのかもしれませんが、「等」を多用すると読み手は困惑します。

　行政文書には正確性が求められます。想定外の事態に備えた保険のように「等」を多用すると、拡大解釈ができるようになってしまうので注意しましょう。

△　道の駅は、農産物直売所やベーカリーカフェ、農家レストラン**等**があり、市が誘致した地元スーパー**等**からなる複合的な施設である。また、スーパーの送迎バスやコミュティバス**等**が乗り入れる交通結節点としての機能があり、保育園や介護施設**等**も近接していることから、住民の日常生活**等**を支える重要な拠点となっている。事業計画の策定**等**の様々な段階で、市が「地域とともにつくる個性豊かなにぎわいの場」をコンセプトに掲げて、運営**等**への参加協力の機会を住民**等**に提供し続けた結果、協働意識が生まれ、多くの住民**等**が利用している。

「等」だらけ！

　原文は、「等」を9回も使っており、テンポよく読むことができません。一つひとつの文はしっかりしているのに、「等」の多用が読後感を悪くしています。

　道の駅は、農産物直売所やベーカリーカフェ、農家レストラン**をはじめとする人気店舗に加え**、市が誘致した地元スーパー**も入る**複合的な施設である。また、スーパーの送迎バス、コミュティバス**及びタクシー**が乗り入れる交通結節点としての機能があり、保育園や介護施**設などの公益施設**も近接していることから、住民の日常生活を支える重要な拠点となっている。事業計画の策定**や運営方法の検討**段階から、市が「地域とともにつくる個性豊かなにぎわいの場」をコンセプトに掲げて、**施設運営や集客戦略について議論する**機会を住民**や参画企業**に提供し続けた結果、協働意識が生まれ、現在も多くの住民や**観光客**に利用されている。

　　　　　　　　　　　「等」を全て削除し、言い換える

　このように、**一つひとつの言葉を丁寧に説明しながら、しっかり文章を組み立てれば、「等」を用いる必要はないのです。**

≫POINT

「なんとなく」や「とりあえず」という軽い気持ちで「等」を使うのは禁物。「この等には○○と□□と△△が含まれます」と説明できない場合は、使わないようにしましょう。

25 » 5W1Hを意識して書く

　報告書や企画書を作成する際には、５Ｗ１Ｈを意識して書くようにしましょう。伝えたい内容を漏らすことなく、わかりやすい文章を書くことができます。

　実は、私たちは無意識に５Ｗ１Ｈの情報を整理して文章を書いています。しかし、無意識に行っている情報の整理がうまくいかないと、読み手泣かせの文章を書くことになってしまいます。

　例えば、次のような文章はどうでしょうか？

> △　市民センターで「歌の集い」が市の広報の案内で８回コースにて始まったのが平成30年１月のことでした。50人が参加して大変好評裡に終了しましたが、このまま終わりにしないでぜひ続けていこうとの思いが集まって、同年４月から月２回継続して開催してきました。

理解はできる。でもなんだかモヤモヤ…

　色々な情報がランダムに盛り込まれていて、読後感がスッキリしませんね。このような文章は、５Ｗ１Ｈを意識して内容を整理する必要があります。そして、「いつ」「どこで」「誰が」「何を」という順番を基本としながら書き進めていくと、読み手が混乱しないスッキリとした文章に仕上がります。

●5W1Hで内容を整理する

When（いつ）：「平成30年1月」「同年4月」

Where（どこで）：「市民センターで」

Who（誰が）：「50人が」「多くの賛同者が」

What（何を）：「歌の集いを」「自主的な活動を」

Why（なぜ）：「市の広報で開催を知り」「好評だったから」

How（どのように）：「8回コースで」「月に2回」

> 平成30年1月、市民センターにおいて、市の広報で開催を知った50人が参加して8回コースの「歌の集い」が始まりました。同年4月、コースの終了にあたり、「このまま終わりにしないで継続して活動しよう」との声が上がり、多くの賛同者が自主的な活動を開始し、継続的に月2回開催してきました。

「いつ」「どこで」「誰が」「何を」という一番理解しやすい順番を基本として文章の骨格を作ります。そして、「なぜ」「どのように」を、文脈から判断した適切な位置に挟むようにします。

このように5W1Hを意識して内容を整理しながら書くと、読み手は具体的にイメージしやすくなります。

❷POINT

読み手に伝えたい情報を抜け漏れなく正確に伝えるために、5W1Hに照らして情報を整理する癖をつけましょう。報告書や議事録もスラスラ書けるようになります。

26 ≫ 「手段」「目的」の順で書く

　プレゼン資料や企画提案書を作成する際に、「成功させてやろう！」という思いが強すぎると気合が空回りしてしまいます。その結果、事業の目的と手段が混在した理解不能な文章が出来上がります。

　残念ながら、書いている本人は、そのことに気づいていないので、上司や同僚の指摘がないと改善されることもなく、文書はそのまま外に出ていってしまいます。

　新規事業を予算化するための企画書の事例を見てみましょう。

> △　市民の移動手段の**利便性向上を図る**ため、市内公共交通の現状について**調査・把握する**とともに、既存の鉄道路線の延伸や新たな路線の構築など既存計画も踏まえた上で、目標年次を定めて、市が目指すべき公共交通網の**将来像を検討する**ため、将来の社会情勢などを見据えたバス交通の充実や交通不便地域の解消に向けた**課題を整理する**。

　「なんとか新規事業を成功させたい！」「絶対に予算を確保したい！」その意気込みだけは、これを読んだ上司や財政課の担当者にも伝わることでしょう。しかし、肝心の事業目的が理解されないと、予算化されることはありません。

「目的」と「手段」を整理しながらリメイクしてみましょう。

> 市内公共交通の現状について**調査・把握することで、**【手段①】既存の鉄道路線の延伸や新たな路線構築の可能性を探り、市民が移動する際の**利便性向上を目指す。**【目的①】
> さらに、バス交通の充実や交通不便地域の解消に向けた**課題について、**社会情勢の変化を見据えながら既存計画を踏まえて**整理し、**【手段②】目標年次を明確に定めて市が目指すべき公共交通網の**将来像を作成する。**【目的②】

　原文では、「〜を実現するために〜を行う」と表現していましたが、リメイクする際には**「〜を行うことで〜を実現する」**と主張しました。このように**「手段」「目的」の順で書くのは、説得力を高めるためのひと工夫になります。**

　予算編成の際に、喫緊の課題を解決するためにこの事業が不可欠だということを理解されて予算が付くのか、それとも予算化が見送られてしまうのか、それは企画立案の担当者である皆さんの文章力にかかっているのです。

»POINT

「深い味わいとコクを出すため製法にこだわったビール」と「こだわりの製法で深い味わいとコクを出したビール」なら「製法」「味」の順で表現した後者を選ぶ人が多いはずです。

27 >> 筋道を立てて 内容を整理する

　日常的にやりとりされる「事務連絡」は、行政文書としての重要度は低いかもしれませんが、しっかりと筋道を立てて書くようにしたいものです。

> 県の話かな？

> いや、国の話？

県内では、社会資本等の整備及び更新等に伴い、大量の建設副産物が発生していますが、**我が国の持続**ある発展と国民の安全で豊かな生活を確保していくためには、建設資源の循環利用を進めていく必要があります。**このため県は、**「建設リサイクル推進計画」を定め、積極的に建設資源循環に取り組んできたところです。
このたび、県建設副産物協議会において、下記の指針類を改定しました。貴職におかれましては、発注に際し、本指針類を徹底されますようお願いします。

> また県に戻るの？

　この例文では、ローカルネタである県の話題から書き始めており、その後に国全体のあるべき姿を説明しています。
　しかし、このような文書を作成する際は、**社会背景など大きなテーマから書き始めて、地域の課題などのローカルネタに移っていくのが一般的な流れになっています。**

○ 我が国の持続ある発展と、国民の安全で豊かな生活を確保していくためには、建設資源の循環利用をさらに進めていく必要があります。【①】

一方、県内においては、社会資本等の整備及び更新に伴い、大量の建設副産物が発生しているのが現状です。【②】

このため県は、「建設リサイクル推進計画」を定め、積極的に建設資源の循環に取り組んでいるところです。【③】

この取組みをさらに促進し、その実効性を高めていくことを目的に、【④】

このたび、県建設副産物協議会において、下記の指針類を改定しました。【⑤】

貴職におかれましては、建設工事の発注に際し、本指針類を徹底されますようお願いいたします。【⑥】

　このように筋道を立てて文章を構成し、下線部のような文言の追加や言い回しの修正を行うと、理解しやすくテンポよく読める文書に仕上がります。特に、**文と文のつながりを良くする潤滑油として、④のような「つなぎの一文」を添えることで、文章の格式と説得力がさらに高まることになります。**

》POINT

筋道を立てて書けば、しっかりと相手に伝わる論理的な文章になります。簡易な「事務連絡」も、おざなりにすることなく、読み手に誠意を尽くしましょう。

28 >> 難しい漢字は ひらがなにする

　昇任試験の論文を添削していると、「どうしてこの言葉を漢字で書くのだろう？」と不思議に思うことがあります。

　パソコンで文章を作成する際は、難しい漢字も変換機能で簡単に出てきますが、試験会場で手書きをする論文でよく書けるものだと感心してしまいます。

　私たち公務員が書く文章は、住民が読むことを前提に作成されなければなりません。たとえ庁内文書であっても、住民が読んで理解できない難解な漢字を使って作成するべきではないのです。

　行政文書は、難しい漢字の知識を問われる漢字検定ではないので、読みづらい漢字はなるべくひらがなで書くようにしましょう。

　最近は、外国人住民も増えてきました。難解な漢字は避けて、よりわかりやすい表現をするように心がけたいものです。

　それでは、行政の現場でよく見かける事例を見てみましょう。

書ける？　読める？

・地域や学校との繋がりを重視して政策を実行する。
・児童・生徒の健全育成は、家族団欒から始めよう。
・法律の趣旨に則り、着実に事業を進めていく。
・議会答弁との間に齟齬が生じている。
・実効性のある政策なのか甚だ疑問である。

　読むことはできても、パソコンが変換してくれなければ書けないような漢字も、日常的には多く使われていることがわかります。

　読み手本位の文章を書くためには、読み手に違和感を抱かれるような難しい漢字を使うのは避けたいものです。

　同様に、漢字とひらがなの比率についても配慮が必要です。漢字だらけの文章は、自分本位で押しつけがましい印象を持たれてしまいます。その一方で、**ひらがなが適度に混じっていると温かみがあり、書き手の心遣いを感じ取ることができます。**

　比率は、**「漢字3割」**を目標にするとよいでしょう。

●難しい漢字リスト

強ち（あながち）	予め（あらかじめ）
所謂（いわゆる）	概ね（おおむね）
且つ（かつ）	暫く（しばらく）
即ち（すなわち）	但し（ただし）
調う（ととのう）	殆ど（ほとんど）
尤も（もっとも）	専ら（もっぱら）
僅か（わずか）	謂わば（いわば）
予て（かねて）	鑑みる（かんがみる）
以て（もって）	所以（ゆえん）

≫POINT

ひらがな表記に抵抗があるという人もいるかもしれませんが、難しい漢字よりも「やさしいひらがな」を好む読み手が多いことも忘れないようにしたいものです。

三行詩を書いてみる

感性を磨くために、三行詩を書いてみませんか。
起承転結を三行で完結させるのが三行詩です。
私が書いたものをご紹介しましょう。

『花畑』
君が笑うと
花が咲く
僕の心は花畑

このように、たった15文字で詩が完成します。言葉の力は文字数に比例しないことを実感できるはずです。

『宝物』
白球を追いかける君が好きだ
テスト前に一夜漬けで頭を抱えている君も
嫌いではない
真っ黒に日焼けした坊主頭は
いつの間にか父の背を追い越したけれど
今も宝物のままでいる

このように、少し文字数を増やしてみても面白いでしょう。限られた文字数で、読み手の納得と共感を得るためには、感性をフル稼働させる必要があります。ちょっとしたスキマ時間を活用して、詩を書いてみることをおすすめしたいと思います。

第 **3** 章

もっと伝わる
文章を書く

読み手の納得・共感を高めるコツ

29 » 語順を入れ替えて強調する

　文章を読んだ瞬間に自分もその場にいるような感覚になったり、当事者になったような感情が芽生えたりすることはありませんか？　これぞまさしく臨場感がある「生きた文章」の成せる業^{わざ}です。

　実は、「普通の文章」も、語順を入れ替えてちょっとした工夫をするだけで、臨場感が出て「生きた文章」に生まれ変わります。

> △ : 事業説明会が開催され、**約50人**の住民が参加した。

　この文章は、事実をわかりやすく正確に表現していますが、読んだ人の心は動きません。「へえ、そうなんだ」としか言えない味気ない文章だからです。

「50人」を文頭に出す

> ○ : **50人を超える住民**が参加し、事業説明会は活気にあふれた。

　いかがでしょうか？　語順を入れ替えて、インパクトのある数字を最初に伝えたことで、臨場感が出てきました。活気のある説明会の光景が目に浮かんできて、会場の熱気が伝わってくるような気がします。

本県は、行財政改革を進めるために、**スリム化アクショ
ンプラン**を策定しました。PDCAサイクルを回して取
組みの成果を検証し、施策の見直しや改善を行いな
がら、予算編成や組織改正に反映させることで**実効
性**を高めていくこととします。

　自治体のホームページや広報紙でよく見かける文章ですが、少
しインパクトが足りないように感じます。

> 語順を入れ替えて「宣言型」にする

 スリム化アクションプランを掲げ、本県は行財政改革
を断行します。その**実効性**を高めるために、PDCAサ
イクルを回して取組みの成果を徹底的に検証し、施
策の見直しや改善を進めていきます。

　語順を入れ替えて、インパクトがある言葉をそれぞれの文頭に
置き、宣言型の表現にしました。これにより、県の取組みに躍動
感が生まれ、より意欲的なメッセージになりました。

»POINT

文章は「言葉のパズル」です。ピースを入れ替えたり、足
りないピースを補ったりしながら、自分の作品に仕上げて
いく楽しさがあります。

30 >> 修飾語で文章に深みを出す

「格式の高い文章を書きたい」「深みのある表現にしたい」

そう思いながら書いたのに、読み返してみると物足りなさを感じることはありませんか？　実は、「なんだか物足りない」という読後感の文章には、「修飾語が足りない」「修飾語があっさりしすぎている」という共通点があります。

△：駅前地区は、老朽化した木造家屋が多く、緊急車両の進入が困難な道路や私道が多いなどの課題を抱えている地区である。

┌─────────────┐
│ なんだか物足りない │
└─────────────┘

この例文は、悪い文章ではないのですが、あっさりしすぎているため、現場の深刻な状況が読み手に伝わりません。

┌──────────────┐
│ 修飾語をちりばめる │
└──────────────┘

○：駅前地区は、老朽化した木造家屋が**密集しており**、緊急車両の進入が**極めて**困難な**狭い**道路や**行き止まり**の私道が多いなど、**防災面で喫緊**の課題を抱えている地区である。

いかがでしょうか？　改善文のように「修飾語」を補うだけ

74

で、あっさりした文章にも深みが出てくることがわかったと思います。

　次の例文は、昇任試験論文の決意表明の部分です。論文の結びなので、強い決意を高らかに謳（うた）い上げて採点者にアピールする必要がありますが、とても物足りない印象があります。

>
>
> 　住み続けたいと思えるまちづくりの一翼を担う中堅職員として、係長を補佐し、職務に邁進していく決意である。

| 遠慮せずに自分を売り込む |

> ○
>
> 　**ずっと**住み続けたいと**誰もが**思えるまちづくりの一翼を担う中堅職員として、係長を**力強く**補佐し、**全身全霊をかけて**職務に邁進していく決意である。

　追記した修飾語のおかげで説得力が格段に高まりました。

　「一文は短く」が原則ではありますが、文章に深みを出したいときは、一文が少し長くなることは許容して、「修飾語」の力を活用しましょう。

≫POINT

「もっと短い表現を使う」の項で、一文は「40〜50文字」が目安と書きましたが、文書の種類や読み手に応じて「読みやすさ」と「説得力」の兼ね合いを考えて書いてください。

31 » 能動と受動を使い分ける

　皆さんは、文章を書く際に「能動」と「受動」の表現を使い分けていますか？　無意識に受動表現を使っていませんか？

　能動表現は「～する」「～した」という語尾になり、文章に「主体性」が滲みます。一方、受動表現は「～される」「～された」という語尾になり、「謙虚さ」や「曖昧さ」を醸し出すことができます。主語を省略できるのも受動表現の特徴です。

　どちらの表現を使うかによって読み手が受ける印象は大きく異なるため、うまく使い分けるようにしたいものです。

　では、ごみ減量施策について書いた例文を見てみましょう。

△
① 本市のごみ排出量は減少傾向にあるが、地球温暖化を防止する観点からも、ごみ排出量をさらに削減できる余地は残されている。【事実】
② 廃棄物の最終処分場については、その残余容量や周辺環境への影響など、解決しなければならない多くの課題が残されている状況である。【事実】
③ 安定かつ継続的なごみ処理を行っていくためには、ごみ排出量の抑制と最終処分場の容量確保を図りながら、様々な施策が総合的に実施されなければならない。【意見・主張】
④ このような状況を踏まえ、本市は廃棄物適正処理

> 審議会に、ごみ減量施策について諮問し、この度**答申されたところである。【事実】**
> ⑤ この答申をもとに、市民・事業者・行政それぞれの役割を明確化しつつ排出抑制策を着実に推進することが**求められている。【意見・主張】**

この例文は、「事実」を伝える文と「意見・主張」を伝える文がいずれも受動表現で、主体性や責任感が読み手に伝わりません。そこで、「意見・主張」を伝える文を能動表現に変えてみましょう。

> ③ 安定かつ継続的なごみ処理を行っていくために、**本市は**ごみ排出量の抑制と最終処分場の容量確保を図りながら、様々な施策を総合的に**実施しなければならない。**
> ⑤ この答申をもとに、**本市は**市民・事業者・行政それぞれの役割を明確化しつつ、排出抑制策を着実に**推進していくこととする。**

市の意気込みが、住民に対して明確に伝わるようになりました。

≫POINT

無意識に受動表現を使ってしまいがちですが、読み手に無責任な印象を与えてしまいます。また、書き手の自信のなさが表れ、信頼性を損なうため、能動表現に改めましょう。

32 ≫ 現在進行形で 読み手の共感を得る

　2020年夏のオリンピック開催都市を決定する国際オリンピック委員会総会で、最終投票の直前に行われた滝川クリステルさんのスピーチが話題になりました。実は、たくさんの人の心を捉えたこのスピーチには、共感を得るためのコツが隠されており、文章を書く際にも大いに活用できます。

◎ 東京は、皆様をユニークにお迎えします。
日本語では、それを「お・も・て・な・し」という一語で表現できます。
それは、見返りを求めないホスピタリティの精神、それは先祖代々受け継がれながら、日本の超現代的な文化にも**深く根付いています。【現在進行形】**
「おもてなし」という言葉は、日本人がなぜ互いに助け合い、お迎えするお客様のことを大切にするのかを**示しています。【現在進行形】**

　フランス語で行われたスピーチは、このように訳されています。
　このスピーチは、なぜ共感を得られたのでしょうか？　滝川クリステルさんの表情や所作など様々な要因が考えられますが、実は**「現在進行形」の表現をうまく活用して、相手の期待感を引き出すことに成功しています。**

もし、次のような言い回しであれば、印象は違ったはずです。

 東京は、皆様をユニークにお迎えします。

日本語では、それを「お・も・て・な・し」という一語で表現できます。

それは、見返りを求めないホスピタリティの精神、それは先祖代々受け継がれながら、日本の超現代的な文化にも**深く根付きました。**【過去形】

「おもてなし」という言葉は、日本人がなぜ互いに助け合い、お迎えするお客様のことを大切にするのかを**示します。**【現在形】

「根付いています」「示しています」という現在進行形の部分を、「根付きました」「示します」という表現に変えてみました。その結果、人ごとのようなニュアンスが醸し出され、心に響いてこなくなりました。つまり、**「現在進行形」の表現が、読み手の共感を得るために大きな働きをしていたのです。**

2013年に世界を魅了したこのスピーチの肝は、聞いている人たちの立ち位置が既に7年先の「2020年」になっていることを強く意識した点だといえるでしょう。

≫POINT

「現在進行形」を近い未来につながる表現として用いると、読み手の共感を得ることができます。このため、首長の所信表明や議会答弁などでも効果的に活用されています。

33 >> 連絡・通知は ポジティブに表現する

　文章は生き物です。そして、文章にも性格があります。人間の性格と同様に、ポジティブなものとネガティブなものがありますが、ネガティブな表現を多用している人は少なくありません。

△ 日本に在住する外国人の数は年々増加しており、今後も外国人と**接しなければならない**機会はますます増加するものと見込まれます。
　このような中、日本語も英語も十分に**理解できない**ために、災害時に必要な情報を**受け取ることができない**外国人住民も増えているのが現状です。
　外国人住民との円滑なコミュニケーションに多くの課題を抱える自治体におかれましては、災害時のみならず平時における外国人住民への**情報提供手段を学ぶ必要があるため**、別添のとおり研修を企画しましたので、貴所属職員への周知及び受講の勧奨をお願いします。
　なお、本研修は事前課題の提出が**必要となり**、例年、**締め切りが迫ってからでないと提出されない**自治体も**少なくない**ので、早めの提出をお願いします。

└ ネガティブな表現ばかり ┘

「できない」「されない」などの否定形が随所にあるネガティブ

80

な印象の通知文で、研修受講のモチベーションも高まりません。

> 日本に在住する外国人の数は年々増加しており、今後も外国人との**交流や触れ合い**の機会はますます増加するものと見込まれます。
> このような中、日本語や英語に馴染みがないために、災害時に必要な情報を得ることが難しい外国人住民も増えているのが現状です。
> <u>災害時のみならず平時における外国人住民への情報提供手段についても学ぶことで、外国人住民との**円滑なコミュニケーションに資することを目的に**、別添のとおり研修を企画しましたので、貴所属職員への周知及び受講者の推薦をお願いします。</u>
> <u>なお、本研修の実効性を高めるために事前課題を提出していただきますが、締切日にかかわらず、記入でき次第、ご提出いただくようご協力をお願いします。</u>

原文の「情報提供手段を学ぶ必要があるため」を改善文では「円滑なコミュニケーションに資することを目的に」と前向きに表現しました。可能な限りポジティブな表現を使って、読み手に気持ちよく読んでもらうことを心がけてください。

≫POINT

たとえネガティブな文章であっても、文法上の問題はないため、上司から指摘されることはありません。自分で意識しながら、ポジティブな言葉を紡ぎ出して文章を仕上げましょう。

34 » 依頼はできるだけ 疑問形で伝える

　公務員は、文書や手紙、メールなどで様々な依頼を行います。**依頼文を書く際に心がけたいのは、物腰の柔らかい文章を書いて誠意と謙虚さを伝えること**です。

✕	事業に協力して<mark>ください</mark>。【要求】 事業に協力して<mark>ほしい</mark>。【希望】
△	事業に協力して<mark>くれますか</mark>。【意向確認】 事業に協力して<mark>もらえますか</mark>。
○	事業に協力して<mark>くださいますか</mark>。【肯定疑問形】 事業に協力して<mark>いただけますか</mark>。
◎	事業に協力して<mark>くださいませんか</mark>。【否定疑問形】 事業に協力して<mark>いただけませんか</mark>。

　「くださる」は「与える」の尊敬語であり、相手の行動を高める表現です。一方、「いただく」は「もらう」の謙譲語で、相手の行動によって自分が恩恵を受けるというニュアンスになります。相手を敬うか自分を謙遜するかの違いはありますが、これを否定の疑問形にすることでより丁寧な印象になります。

　それでは、実例をご紹介しましょう。手書きで作成した住民宛

ての手紙です。

拝啓　新緑を揺らす風が頬をなでる心地よい季節となりました。○○様におかれましては、ますますご清栄のこととお喜び申し上げます。

　日頃から、本区の街づくり事業にご理解とご協力を賜り、誠にありがとうございます。（中略）

　今後30年以内に70％の確率で発生すると予測されているマグニチュード７クラスの首都直下地震に備え、逃げなくてもすむ街、燃えない街をつくるために、○○様におかれましても、ぜひ市街地再開発事業にご協力をいただけると幸いです。

　この事業について、皆様にご説明をさせていただくために、現在、区の職員が皆様のお宅を訪問させていただいております。**ぜひ、○○様もお話を聞いていただけませんでしょうか。**

　誠に恐縮ですが、○○様のご都合の良い日時をお知らせただけますようお願い申し上げます。突然お手紙を差し上げたご無礼をお許しください。
　　　　　　　　　　　　　　　　　　　　　　　　　　　敬具

否定の疑問形を挟む

　この手紙は、訪問してもお会いできない住民に、否定の疑問形で丁寧に依頼したものです。皆さんの参考になれば幸いです。

»POINT

言い回しの微妙な違いによって、相手が受ける印象はガラリと変わります。否定の疑問形を使って、上手に誠意を伝えることが大切です。

35 >> 「書き出し三行」で読み手を惹きつける

川端康成の「雪国」の書き出しは、あまりにも有名です。

> 国境の長いトンネルを抜けると雪国であった。

この一行で、一気に川端文学に引きずり込まれてしまいます。

夏目漱石の「吾輩は猫である」も「書き出し三行」の大切さを私たちに教えてくれます。

> 吾輩は猫である。
> 名前はまだない。
> どこで生れたか とんと見当がつかぬ。

とても味わい深い三行ですね。これだけで、読み手は心を揺さぶられます。このように、名作の書き出しは私たちの心にすーっと入り込み、いつまでも生き続ける不思議な力を持っています。

私たち公務員が作成する企画書や提案書なども、説得力のあるものに仕上げるために、力のある書き出しを考えたいものです。

とりわけ昇任試験論文は、「書き出し三行」の効果が絶大です。名作と同じように、この三行で採点者を惹きつけることができれば、説得力のある文章展開が可能となります。

それでは、昇任試験論文の「序論」を実例としてご紹介しましょ

う。「住民サービスの向上と職員の意識改革」がテーマです。

続きが読みたくなる書き出し

1. 茹でガエルにならないか自らに問う

　カエルを熱湯が入った鍋に入れると、びっくりしてすぐに鍋から飛び出してしまう。しかし、水が入った鍋に入れて少しずつ温度を上げていくと、カエルは温度の変化に気づかずに茹で上がって死んでしまうという。

　私たちの職場も、この鍋に例えて考えてみるとどうだろう。生ぬるいお湯が入った鍋の中で、やがて茹でガエルになることにも気付かずに気持ちよく泳いではいないか。職員一人ひとりが自らに厳しく問いかける必要がある。

　厳しい財政状況が続く中、本区は不断の行財政改革を進め、少子高齢化への対応や防災対策など喫緊の課題に立ち向かうために、ヒト・モノ・カネを重点的に振り向けている。今こそ、組織が一丸となって意識改革を進め、徹底的に無駄を省き、限られた行政資源を有効に活用しながら、区民サービスを向上させるための不断の努力をしなければならない。

　区民に最も近い現場の最前線で、職員の先頭に立って働く係長の役割は極めて重要であり、その責任は重い。

　昇任試験論文の場合は、序論だけでなく結論でも「書き出し三行」の工夫をし、その流れを汲んだインパクトのある一文で締め括ると効果的です。

4. 区民のために誇りを持って働こう

手続きがよくわからずに、不安な気持ちで区役所を訪れている区民は多い。目的の窓口に辿り着くまでに、たくさんの職場の前を通り、何人もの職員とすれ違いながら、どんな気持ちで廊下を歩いているのだろう。そんなことに、思いを巡らせることができる職員でありたい。

職員一人ひとりが、区民目線に立って効率的に業務を遂行し、区民に寄り添える存在になれば、区民との距離はもっと近くなるはずだ。そのような現場感覚に優れた職員を一人でも多く増やすために、職員の意識改革を進めながら、自己実現をサポートしていきたい。

区民に最も近い現場の最前線にいる職員が、やりがいと誇りを持ちながら働くことができるように、私は職員の先頭に立って区民のために働く決意である。

大切な職員を茹でガエルにしてはならない。

日常業務でも、書き出しの工夫は生きます。例えば、皆さんが業務改善提案制度の担当者になったとしましょう。多くの職員に提案してもらうために、どのような通知文を作るでしょうか。

「よしっ、提案してみよう！」「私も何か考えてみよう！」と思ってもらえるように、書き出しを工夫してみましょう。

 職場環境や業務の改善を考えてみませんか？
コスト削減や効率化など多様な切り口からの提案をお待ちしています。仕事の簡素化、職場の活性化、組織

の課題解消など、皆さんの柔軟な発想が解決の糸口に
なります。

ありきたりでインパクトに欠ける

○ **ムリ・ムダ・ムラを省きませんか？**
安心・快適な職場づくりや、また訪れてみたいと誰も
が思える市役所づくりに向けて、**皆さんの柔らかい頭
で一石を投じてください。**

○ **素朴な発想から素敵な提案が生まれます。**
新型コロナウイルスの感染拡大に伴うマスク不足をな
んとかしたい！ 職員のそんな想いが形になりました。
町民が作った布製マスクを買い取り、全町民に無償配
布する取組みを始めた自治体があります。

「最初の一行が思いつかないと、書き始めることができない」
という作家もいます。それだけ、書き出し部分の文章は大切なの
です。

❯POINT

「桜の樹の下には屍体が埋まっている！」桜の季節になると必
ず思い出す有名な書き出しです。梶井基次郎の小説『桜の樹
の下には』も私たちに書き出しの大切さを説いています。

36 » お役所特有の言い回しや
専門用語は言い換える

　多くの自治体が平易でわかりやすい表現を心がけるようになりました。しかし、未だにお役所的な堅い文書が多いのも事実です。

　例えば、住民宛ての通知文がカタカナ用語だらけだったり、小学生から届いた手紙の返事をお役所特有の言い回しで書いていたりします。**たとえ庁内で完結する文書であっても、住民の目に触れる前提で作成するのが基本です**。外国人住民をはじめ、誰が読んでも理解できるわかりやすい表現をするように心がけたいものです。

●お役所的な言い回し

△	本市では、農地の保全を**勧奨**している。 緑の豊かさを**享受**できるのは、本市の強みである。
○	本市では、農地の保全を**お願い**している。 緑の豊かさを**味わえる**のは、本市の強みである。
△	市長公約の**一丁目一番地**は、少子高齢化対策だ。 他市の状況に**鑑みる**と、本市も楽観視はできない。
○	市長公約の**最重点事項**は、少子高齢化対策だ。 他市の状況と**比較**すると、本市も楽観視はできない。

△ : あなたが**監護する**子どもの数をお書きください。

○ : あなたが**面倒を見ている**子どもの数をお書きください。

●カタカナ用語

△ : **ダイバーシティ**を強く意識して人材育成を進める。
   人事評価制度を職員の**インセンティブ**として活用する。

○ : 職員の**多様性**を大切にしながら人材育成をする。
   人事評価制度を活用して職員の**やる気を引き出す**。

△ : 本市は、防災対策に**プライオリティ**を置いている。

○ : 防災対策は、本市の**重点**事業である。

△ : 市民への**アカウンタビリティを全うする**必要がある。

○ : 市民への**説明責任を果たす**必要がある。

≫POINT

お役所特有の言い回しやカタカナ用語を無意識に使っている
人は少なくありません。誰が読んでも理解しやすいように、
平易な表現に変換する癖をつけましょう。

37 » 「つなぎの一文」を効果的に使う

　文と文をつなぐ役割は「接続詞」が担います。しかし、その文脈にふさわしい接続詞が思い付かないことも少なくありません。

　このようなケースでは、**「つなぎの一文」を添えることで、文と文のぎこちない関係を改善し、説得力を高めることができます。**

> △　我が国の経済は、景気が回復基調にあるという明るい要素があるものの、消費税率増税後の買い控えが景気に与える影響が懸念されている。
> 本県を取り巻く環境は、決して楽観視できるものではない。

　この例文では、一文目と二文目の間に、「したがって」や「このため」などの接続詞を入れても、しっくりきません。そこで、「つなぎの一文」を添えてみましょう。

> ○　我が国の経済は、景気が回復基調にあるという明るい要素があるものの、消費税率増税後の買い控えが景気に与える影響が懸念されている。
> **これまで断行してきた行財政改革の成果に期待する声もあるが、**本県を取り巻く環境は、決して楽観視できるものではない。

第二次ベビーブームに合わせて建築された学校が多く、築年数が25年以上の建物が約7割となるなど、校舎等の老朽化が課題となっています。

建物部材が経年劣化すると、機能面に加え安全面でも不具合を起こします。

一方、公立小中学校の約9割が災害時の避難所となっています。本市は、学校施設の老朽化対策を着実に推進する必要があります。

第二次ベビーブームに合わせて建築された学校が多く、築年数が25年以上の建物が約7割となるなど、校舎等の老朽化が課題となっています。

適切なメンテナンスがなされずに建物部材が経年劣化すると、機能面に加え安全面でも不具合を起こします。

一方、公立小中学校の約9割が災害時の避難所となっています。

地域防災機能を強化するためにも、本市は学校施設の老朽化対策を着実に推進する必要があります。

「つなぎの一文」により、論理的な文章に生まれ変わりました。

≫POINT

ふさわしい接続詞が思いつかない場合は、オリジナルの「つなぎの一文」を考えてみてください。箇条書きのようにぎこちない文章から卒業しましょう。

38 » 不要な接続詞を削る

　朝日新聞の「天声人語」や読売新聞の「編集手帳」など、主要な新聞のコラム・社説を読んでいると、接続詞が少ないことに驚かされます。一方、日常業務では接続詞が多すぎて、テンポよく読めない回りくどい文章を目にすることも少なくありません。

△　本市では、「生涯現役」をテーマに掲げた生涯学習推進計画を策定しました。

また、策定以降、地域活動団体と連携して「生涯現役フォーラム」を開催するなど、生きがいを持っていきいきと活動できる環境を整えてきました。

その結果、現在では、これまで地域活動に縁がなかった人も、長年培ってきた経験や知識を生かして地域活動に参加するケースが増えています。

さらに、定年退職を機に地域活動への一歩を踏み出す人も多くなっているのが現状です。

しかし、50歳代の現役世代で地域活動に「ぜひ参加したい」「機会があれば参加したい」と考えている人の割合は減少傾向にあります。

このため、引き続き、セミナーや講座等を開催して仲間づくりを支援し、地域交流を支えていく必要があります。

逆接の接続詞「しかし」以外は、全て削ることができます。

> 本市では、「生涯現役」をテーマに掲げた生涯学習推進計画を策定しました。
> 策定以降、地域活動団体と連携して「生涯現役フォーラム」を開催するなど、生きがいを持っていきいきと活動できる環境を整えてきました。
> 現在では、これまで地域活動に縁がなかった人も、長年培ってきた経験や知識を生かして地域活動に参加するケースが増えています。
> 定年退職を機に地域活動への一歩を踏み出す人も多くなっているのが現状です。
> しかし、50歳代の現役世代で地域活動に「ぜひ参加したい」「機会があれば参加したい」と考えている人の割合は減少傾向にあります。
> 引き続き、セミナーや講座等を開催して仲間づくりを支援し、地域交流を支えていく必要があります。

全体の構成や文脈を吟味しながら、削る接続詞と残す接続詞の仕分けをするようにしましょう。

》POINT

説得力が高い論理的な文章を書くためには接続詞が欠かせないものの、ただのお飾りになっていることも少なくありません。思い切って削り、読み手の負担を減らしましょう。

39 » 指示語を多用しない

抽象的な表現の代表格として「こそあど言葉」があります。

人や物事を指し示す働きをする指示語で、「これ、それ、あれ、どれ」や「この、その、あの、どの」などがあります。

指示語を多用すると回りくどい文章になり、読み手は理解するのに苦労させられます。

> △　新型コロナウイルスの感染拡大を防止する観点から、当面、各種イベントの開催については慎重に判断すべきである。県から**このような**通知があったため、**これに**基づき、当面、市としてはイベントの開催を自粛することといたしました。**これ**については、高齢者の参加が多いイベントもあり、**それに**感染した場合に**そのような**人たちが重症化しているケースが多いことに配慮したものでもあります。感染拡大を防止するため、**このことは**やむを得ない対応であると、市としても**このように**認識しているところです。市民の皆さんのご理解とご協力をお願いいたします。

　　　　　　　　　　┌─────────────┐
　　　　　　　　　　│ 指示語のオンパレード！ │
　　　　　　　　　　└─────────────┘

読むだけで疲れてしまいますね。指示語が多用されている文章は、それぞれの指示語が何を指しているのかを理解しなければな

りません。したがって、読んでいる途中で少し前にさかのぼって考える必要があり、読み手にとっては大きな負担となります。

それでは、なくてもよい指示語と残したほうがよい指示語の仕分けをしながら、文章をリメイクしてみましょう。

「新型コロナウイルスの感染拡大を防止する観点から、当面、各種イベントの開催については慎重に判断すべきである。」**このような**県からの通知に基づき、当面、市としてはイベントの開催を自粛することといたしました。高齢者の感染リスクが高いことや、高齢者の参加が多いイベントがあることも踏まえ、感染拡大を防止するためにやむを得ない措置であると判断いたしました。市民の皆さんのご理解とご協力をお願いいたします。

改善文を見ると、ほとんどの指示語は必要ないことがわかります。固有名詞の重複を避けるために指示語を使うケースもありますが、読み手の理解を阻害してしまっては本末転倒です。

一方で、効果的な使い方もあります。改善文では「このような」という指示語をあえて残し、県からの通知を強調させたことで文章がグッと引き締まりました。

◈POINT

指示語が多用されている文章は、それぞれの指示語が何を指すのか考えながら読まなければならないため、読み手にストレスを与えてしまいます。必要最小限の活用にとどめましょう。

40 » 似ている用語を整理する

　意味が似ている複数の用語が混在した文書を見かけることがあります。意図的に使い分けているのか怪しいケースも少なくありません。**読んだ人の腹に落ちる文章にするためには、似ている用語は言い回しを変えて整理し、その数を減らしたいものです。**

似ている用語だらけ

△　社会経済状況の変化を柔軟に捉え、**政策**推進プログラムに基づいて各種**施策**を**実施**するとともに、「選択と集中」の考え方に基づき、重点事業を優先的に**施行**していくことが**肝要**である。
　また、将来にわたって安定的な財政運営を**推進**するために、予算の適正な**執行**に努め、市民目線に立って費用対効果の検証を徹底的に**実行**していくことが**重要**である。
　なお、全ての業務を**遂行**するプロセスにおいて、**進行**管理を適切に**実践**しながら、自らの担当**業務**を遅滞なく期限までに**履行**することで、**事業**効果の早期発現に努めることが**大切**である。

　各自治体の計画や改革プログラムなどは、格式を重んじるあまり硬い用語のオンパレードになってしまう傾向があります。

それでは、この例文に登場した用語を挙げてみましょう。

① 政策、施策、事業、業務

② 実施、施行、推進、執行、実行、遂行、進行、実践、履行

③ 肝要、重要、大切

このように、３つのグループに大別できます。言い回しを変えたり、同じようなニュアンスの用語は統一して整理しましょう。

> ○ 社会経済状況の変化を柔軟に捉え、政策推進プログラムに基づいて各種施策を**推し進める**とともに、「選択と集中」の考え方に基づき、重点事業を優先的に**行っていく**ことが肝要である。
> また、将来にわたって安定的な財政運営を**していく**ために、予算の適正な執行に努め、市民目線に立って費用対効果を**徹底的に検証することとする**。
> なお、全ての業務プロセスにおいて、**適切な進行管理を行いながら**、自らの担当業務に**スピード感を持って取り組み**、事業効果の早期発現を**目指すものとする**。

用語の数が減り、誰が読んでも理解しやすい優しい文章に仕上がったのではないでしょうか。

❷POINT

「肝要」「重要」「大切」のように、同じ用語を使いたくないという理由で似ている用語を使うと、何が言いたいのかわからない捉えどころのない文章になってしまいます。

41 » 表記ゆれに注意する

　**同じ言葉なのに複数の書き方をされることにより、表記にばら
つきが生まれることを「表記ゆれ」といいます。**

　日常業務でも、表記ゆれが発生している文章を目にすることが
ありますが、書いている本人は気づいていないケースも多いので、
書き終えてからチェックする習慣をつけるようにしましょう。

表記ゆれ発生中

　今後は、コロナ禍による経済急減速を**踏まえた**経営改
革の**取組**が重要となります。そこで、基本計画の策定
に**当たっては**、今後の財政状況の変化を**ふまえ**、国が
示した「新しい生活様式」に対応すべく重点事業を精
査するものとします。さらに、重要プロジェクトの実現
に向けた**取り組み**を着実に進め、地震や水害、感染症
対策などの実施方針を策定するに**あたり**、あらゆる危
機に備える強い意志を示していく必要があります。

　この事例では、三種類の表記ゆれが確認できます。

　　「踏まえた」「ふまえ」

　　「取組」「取り組み」

　　「当たっては」「あたり」

　このような表記ゆれは、何か理由があって表記を使い分けてい

るようにも感じられ、読み手に余計な神経を使わせてしまいます。

文章を書き終えたら必ずチェックしましょう。

●漢字

「市民」「住民」「お客様」／「地権者」「権利者」／
「山積（さんせき）」「山積み（やまづ）」／「市長」「首長」

●数字（算用数字と漢数字、全角と半角）

「５丁目」「五丁目」／「１００人」「100人」

●ひらがなと漢字

「まちづくり」「街づくり」／「表記ゆれ」「表記揺れ」

●カタカナ用語

「コミュニティ」「コミュニティー」／「ウェブ」「WEB」「Web」

●送り仮名

「取扱」「取扱い」「取り扱い」

»POINT

「この使い分けは何か意味があるの？」「単なる変換ミス？」
と、読み手を困惑させることがないように、自治体ごとに定
められた表記ルールを確認しましょう。

42 ≫ 補助動詞は
ひらがなで書く

　公用文では「補助動詞」をひらがなで書くという原則があります。**文字どおり動詞の意味を補助する役割を担う補助動詞は、ひらがなで書いて黒衣（くろご）に徹してもらいましょう。**

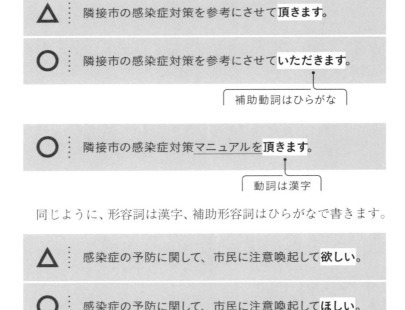

△ ：隣接市の感染症対策を参考にさせて**頂きます。**

○ ：隣接市の感染症対策を参考にさせて**いただきます。**

補助動詞はひらがな

○ ：隣接市の感染症対策マニュアルを**頂きます。**

動詞は漢字

同じように、形容詞は漢字、補助形容詞はひらがなで書きます。

△ ：感染症の予防に関して、市民に注意喚起して**欲しい。**

○ ：感染症の予防に関して、市民に注意喚起して**ほしい。**

○ ：注意喚起用の感染予防リーフレットが**欲しい。**

　補助動詞を漢字で書くと、動詞が2つあるように解釈される危険性があるので、注意してください。

> 「行って」「見る」2つの動詞？

△ ： 苦情の現場に行って**見る**ことが大切である。

> 「試しに〜する」の意味

○ ： 苦情の現場に行って**みる**ことが大切である。

○ ： 苦情の現場に行って状況を**見る**ことが大切である。

公用文では、補助動詞と同様に形式名詞もひらがなで書きます。日常業務でよく見かけるのは、次のような事例です。

△ ： 詳細については以下の**通り**である。

○ ： 詳細については以下の**とおり**である。

≫POINT

厳密に言えば「資料を作成してください」という依頼は、作成のみの依頼ですが、「資料を作成して下さい」という依頼は、作成して届けてほしいという依頼になります。

43 ≫ 慣用句・四字熟語を使いこなす

　味気ない単調な文章を卒業して、読み手に味わってもらえる文章が書きたいと思っている人は少なくありません。そんな人におすすめしたいのは、慣用句や四字熟語を文章に盛り込むことです。

> ○ 　現場で働く職員がやりがいを持って仕事ができるように、市長は**心を砕いて**接してきた。

　この文で用いている「心を砕く」という表現は、「気遣いや苦心すること」を意味する慣用句です。面倒見がいい市長の人柄を読み手に伝えるために、この慣用句が大きな働きをしていることがわかります。
　このような**慣用句を効果的に用いると、スパイスを利かせたように文章が引き締まり、隠し味のように読み手の心にじわりじわりと効いてきます。**
　それでは、事例をもとに慣用句の効果を実感してみましょう。

> △ 　私は、鈴木主任を**とても信頼**している。

> ○ 　私は、鈴木主任に**全幅の信頼を寄せている**。

　平板で読み手の心に響かない原文に比べて、慣用句を使った改善文は、説得力が増しています。

　さらに事例を見てみましょう。

 ：係長は誠実で**面倒見がいい**ので、私が信頼する唯一
　　の存在だ。

　「面倒見がいい」という慣用句を用いていますが、少し物足りない印象があります。さらに慣用句や四字熟語を盛り込むことで、より強い印象になります。

○ ：係長は誠実で面倒見がいいので、私が**心を許す**唯一
　　の存在だ。

◎ ：係長は誠実で面倒見がいいので、私が心を許す**唯一
　　無二**の存在だ。

　淡泊であっさりした印象の原文が、慣用句と四字熟語によって、インパクトのある文章に生まれ変わりました。

≫POINT

説得力を高めるために慣用句や四字熟語を効果的に使いましょう。ただし、使いすぎると書き手の個性が出なくなるので、全体のバランスを考えながら盛り込んでみてください。

44 » 語彙力を高める

　語彙力が高い人は、「言葉の引き出し」を多く持っています。作成する文書の種類や目的、読み手がどんな人かによってその引き出しを選んで言葉を取り出し、豊かに表現することができます。

　それでは、語彙力が高い人と乏しい人の文章の違いを事例で確認してみましょう。

> △　仕事と子育ての両立においては、保育所の整備**だけでなく**、待機児童の地域間格差の解消、病児・病後児保育の実施園を**増加させる**ことが**大切**である。

引き出しから取り出した言葉たち

> ○　仕事と子育ての両立に向けて、その**障壁**を解消するためには、保育所の整備に**とどまらず**、待機児童の地域間格差の**是正**、病児保育や病後児保育の**実施拡大を図る**ことが**肝要**である。

　次に、議会答弁書の事例も見てみましょう。

　議会答弁書を作成する際は、短時間で格式高い文章を書かなければならないため、特に語彙力が求められます。

首都直下地震が発生すると、本市も**大きな被害を受けること**が**予想されます。地震そのものの発生を止めることはできませんが、**自助・共助・公助の**取組みを進め、減災を目指してまいりたい**と考えております。

○ **切迫性の高さが指摘されている**首都直下地震は、本市に**甚大な被害をもたらす**ことが**危惧**されています。先般、熊本や大阪、北海道などでも大地震が発生し、**多岐にわたる**課題が**顕在化**してまいりました。本市においても、**これまで推進してきたハード面の対策に加え、**自助・共助・公助の**取組みを着実に推し進め、減災対策の充実・強化に努めてまいります。**

　議会答弁書を作成するたびに、自らの語彙力の乏しさを痛感するという人もいるのではないでしょうか。

　語彙力を磨くために私が実践しているのは、良書・名著を読んで、自分の引き出しにない斬新な言葉やキラリと光るフレーズが出てきたら、それらをメモし、ストックしておくことです。傍らに辞書を置いて実践してみることをおすすめします。

≫POINT

辞書とマーカーを傍らに置き、毎朝30分新聞を読むだけで語彙力は確実に高まります。「言葉の引き出し」を増やすために、新聞を有効に活用してください。

45 ≫ エピソードや実例を盛り込む

　説得力が高い文章を書いて読み手を惹きつけようとするなら、エピソードや実例に勝るものはありません。とっておきのエピソードやインパクト抜群の実例を、ぜひ文章に盛り込んでみてください。

　それでは、序論にエピソードを盛り込んだ昇任試験論文を紹介しましょう。論文のテーマは「生活者の視点に立った行政運営」です。

○　**車の往来が激しい幹線道路の歩道を自転車で走っていると、突然歩道がなくなり、目の前に巨大な階段が立ちはだかった。**

どうやら、この道路は線路を跨いで立体交差するらしい。他の橋に迂回すべきか、それとも猛スピードの車に威嚇されながら急勾配の車道を通行すべきか、途方に暮れている私の周りには、案内看板すらなかった。「住民本位」「生活者の視点」などと叫ばれて久しいが、私たちは住民の「声なき声」を拾い上げることができているのだろうか。自問自答しながら、自転車を持ち上げ汗だくになって階段を登った。

　自分の体験から生まれたエピソードを紹介しながら、このように問題提起をすると、読み手の共感が得られやすくなります。

次に、自治体向けの依頼文に実例を盛り込んでみましょう。

 新型コロナウイルス感染拡大に伴う緊急事態宣言が発令されています。各自治体におかれましては、ゴールデンウィーク期間中の外出と帰省の自粛を呼びかける取組みを積極的に実施するようお願いいたします。

例えば、北海道羅臼町では、帰省を自粛する町出身の学生に対して「おうえん特産品小包」を送る取組みを実施する予定です。1人暮らしの学生でも食べやすい昆布ふりかけや昆布ラーメン、サケトバなど約4000円分の詰め合わせにマスクも同封する粋な計らいです。

地元を離れてコロナ禍のなか不安な生活を送っている学生はもちろん、地元経済にとっても嬉しい取組みであり参考にしたい事例です。

依頼文に実例を盛り込むことで、説得力は格段に高まります。依頼文を受け取った各自治体の担当者も「何か考えてみよう！」という思いを強くするはずです。そして、具体的な行動に結びつく可能性も高まるのではないでしょうか。

読み手を説得したり行動を促したりするための文章には、エピソードや実例を添えることができないか考えましょう。

»POINT

エピソードを紹介してから自分の考えを述べたり、実例を伝えて相手に行動を促すと、納得と共感が得られます。具体的な事実には誰も反論できないのです。

コピーライターに
なってみる

　たくさんの昇任試験論文を読んできましたが、判で押したような
つまらない見出しを掲げる人が多いことに驚かされます。

　オリジナルの見出しを考える楽しみを放棄し、使い古された表現
をどこからか借りてきて書いているのは残念なことです。

　昇任試験論文に限らず、仕事でも読み手を惹きつける文章を書
こうとするなら、日頃から自分がコピーライターになったつもりで発
想する癖をつけておくとよいでしょう。

　テレビＣＭでもお馴染みの『ココロも満タンに、コスモ石油』
や『そうだ京都、行こう』など、お手本はたくさんあります。

　最近では、定住化の促進や子育て世帯の取り込みを目的に、イ
メージ戦略を展開する自治体も増えてきました。

　『母になるなら、流山市。』これは、とても素敵なキャッチコピー
だと思います。「子育てするなら○○市」と掲げる自治体が多い中で、
「母になる」という温かい発想で言葉を紡ぐと、子育てがより愛おし
く重みのあるものに感じられます。

　このようなキャッチコピーは、読んで感心するだけではもったい
ないので、発想力を鍛えるための教材として有効に活用してみては
いかがでしょうか。例えば、電車の車内広告を観察し、そのキャッ
チコピーをリメイクしてみるのも効果的です。

　ある日、電車の中で『買い物が私を春にする』という三井アウト
レットパークの広告が目に留まりました。私はコピーライターになり
きって『買い物は私の春を連れてくる』とリメイクしてみました。こ
のように、言葉をひねり出す訓練を遊び感覚で行っていると、読み
手を惹きつける表現を考える際にも感性が働きやすくなります。

第 4 章

信頼される
文章を書く

庁内・住民・議会からの誤解を防ぐ

46 » 日本語を正しく紡ぐ

イメージや感覚で安易に文章を書いていませんか？　文の構造や骨格を考えながら正しい日本語を紡ぐようにすれば、読み手はより理解しやすくなります。

わかりやすい事例を見てみましょう。

 安全・安心のために、ICTを活用した防災・減災対策を推進する。

これは、国・自治体の各種計画やホームページ等でよく見かける表現ですが、一見正しそうなのに実は正しくない、そんな印象がありませんか？

「安全・安心」という言葉は、物事の性質や状態をあらわす「形容動詞」です。このため、「どうする」「どうした」という述語がないと、単独では目的・目標になり得ません。

○ **安全・安心な暮らしを実現するために、**ICTを活用した防災・減災対策を推進する。

○ **住民の安全・安心を確保するために、**ICTを活用した防災・減災対策を推進する。

一見正しそうで実は正しくない表現を、さらに見てみましょう。

脱炭素社会をどうしたい？

 △ 本市は**脱炭素社会のために**、ごみ減量と資源循環を促進しています。

「脱炭素社会」とは、脱炭素化された社会という「状態・状況」をあらわしており、ここでは目的語として使われているので、その状態をどうしたいのかをしっかりと「述語」で表現しないと目的語が宙ぶらりんになってしまいます。

○ 本市は**脱炭素社会を実現するために**、ごみ減量と資源循環を促進しています。

○ 本市は**脱炭素社会の構築に向けて**、ごみ減量と資源循環を促進しています。

○ 本市は**脱炭素社会を実現するための取組みとして**、ごみ減量と資源循環を促進しています。

文章の構成要素のうち「主語（本市は）」は省略できますが、「述語（実現する）」を省くことはできません。

»POINT

大切な表現が抜け落ちていないか文章を構造で捉えましょう。述語が抜け落ちてしまうと、文章は不完全なものになってしまいます。

47 » 怪しい日本語は使わない

時折、「これって何語?」と聞きたくなる表現を見かけます。

 東京2020大会とその先を見据え、ユニバーサルデザインの先進都市東京の実現に向けた**施策の充実を進めて**いかなければならない。

「施策の充実を進める」という表現は、全国各地の自治体のホームページや広報紙でよく使われています。こうしたポジティブな言い回しは、適切な表現でなくても違和感を抱かれにくいのですが、正しくは「施策を充実させる」「施策の充実を図る」「施策の充実に努める」「施策を進めていく」「施策を充実するための取組みを進める」といった表現になります。

怪しい日本語を使って品格を疑われないようにしましょう。

 スピード感が**低い**。

○ スピード感が**ない**。

 費用対効果が**悪い**。

○：費用対効果が**低い**。

△：定住人口を**高める**。

○：定住人口を**増やす**。／**定住率**を**高める**。

△：説明責任を**行う**。

○：説明責任を**果たす**。／説明責任を**全うする**。

△：東京一極集中の**是正を講じる**。

○：東京一極集中の**是正措置を講じる**。

△：**緊急事態宣言に従って**図書館を休館にする。

○：**緊急事態宣言の発令に伴って**図書館を休館にする。

»POINT

誰にも指摘されないまま、ホームページや広報紙の活字としてひっそりと生き続けている「怪しい日本語」もあります。注意しましょう。

48 ≫ 誤字・脱字・衍字に注意する

　職場で目にする初歩的なミスの代表格は、誤字・脱字・衍字です。衍字とは、文章の中に誤って入った余計な文字をいいます。例えば、「地域を活性化あする」のように、パソコンのキーボードを操作して漢字変換する際に、同じキーに２度触れてしまったなどにより紛れ込んでしまう文字です。

　一方、脱字はキーボード入力の際、キーを完全に押していないことにより発生してしまいます。例えば、「地域を活性する」などがあります。

　漢字変換のミスや単純な打ち間違えが原因で、「常識がない人」というレッテルを貼られることがないように注意しましょう。

　あるメールマガジンに、次のような文章がありました。

> **A市**は、地域イベントの運営を**委託している**B社においてメールの誤送信が発生し、出展団体のメールアドレスが流出したことを**公表した。**

　この文の主語は「A市」で、述語は「公表した」になります。一方で、「イベントの運営を委託しているのはA市？　それともB社？」という疑問が湧きます。

　そこで、メールマガジンに添付されていた報道発表資料を確認してみたところ、「委託」という表記は間違いで、正しくは「受

託」であることが判明しました。

次のいずれかの表現をすべきだったということになります。

○　A市は、地域イベントの運営を**受託している**B社においてメールの誤送信が発生し、出展団体のメールアドレスが流出したことを公表した。

○　A市は、地域イベントの運営を**委託されている**B社においてメールの誤送信が発生し、出展団体のメールアドレスが流出したことを公表した。

それでは、職場でよく見かける初歩的なミスを見てみましょう。

●よくある誤字や勘違い

×実<u>積</u>（業<u>積</u>、功<u>積</u>）　　→　○実<u>績</u>（業<u>績</u>、功<u>績</u>）

×<u>用</u>件を満たす　　　　　→　○<u>要</u>件を満たす

×<u>始</u>めて実施する　　　　→　○<u>初</u>めて実施する

×的を<u>得</u>る　　　　　　　→　○的を<u>射</u>る

×一<u>同</u>に会する　　　　　→　○一<u>堂</u>に会する

×<u>多</u>いに活用する　　　　→　○<u>大</u>いに活用する

×<u>大</u>いに越したことはない　→　○<u>多</u>いに越したことはない

×文書で<u>紹介</u>し回答を得る　→　○文書で<u>照会</u>し回答を得る

×回答は<u>不用</u>です　　　　→　○回答は<u>不要</u>です

●「趣旨」と「主旨」の使い分け

趣旨：物事の理由・目的・ねらい

主旨：文章の重要な部分。考えの中心となるもの

×この文章を書いた<u>主旨</u>　　→　　○この文章を書いた<u>趣旨</u>

×この説明会の<u>主旨</u>　　→　　○この説明会の<u>趣旨</u>

● 「追及」「追求」「追究」の使い分け

追及：追いつめて責任や原因を問いただすこと

追求：目的を達成するために追い求めること

追究：不確かなことを調べて明らかにすること

×彼の責任を<u>追究</u>する　　→　　○彼の責任を<u>追及</u>する

×公共の利益を<u>追及</u>する　　→　　○公共の利益を<u>追求</u>する

×文章の本質を<u>追求</u>する　　→　　○文章の本質を<u>追究</u>する

● 「意思」と「意志」の使い分け

意思：考え、思い

意志：決意、積極的な気持ち

○<u>意思</u>の疎通／<u>意思</u>確認／<u>意思</u>表示／<u>意思</u>決定

○退職する<u>意思</u>がある／本人の<u>意思</u>を尊重する

○退職する<u>意志</u>が固い／強い<u>意志</u>表明があった

● 「開放」と「解放」の使い分け

開放：自由に出入りできるように制限をなくすこと（開け放す）

解放：束縛を解いて自由にすること（解き放す）

×道路を交通<u>解放</u>する　　→　　○道路を交通<u>開放</u>する

×門戸を<u>解放</u>する　　→　　○門戸を<u>開放</u>する

×人質が<u>開放</u>された　　→　　○人質が<u>解放</u>された

● 「賜る」と「承る」の使い分け

> 賜る：目上の人から物や言葉を頂戴する。「もらう」の謙譲語
> 承る：お受けする。承知する。「受ける」「聞く」の謙譲語

　×ありがたく義援金を承る　→　○ありがたく義援金を賜る
　×「出席」で賜りました　→　○「出席」で承りました

● 「未だ」と「未だに」の使い分け

　ネガティブなニュアンスを滲ませたい場合には「未だに」を使った方が、より効果的です。

　×彼は、今だに資料を提出していない
　△彼は、未だ資料を提出していない
　○彼は、未だに資料を提出していない
　△彼は、未だに欠席しておらず、皆勤賞も狙える
　○彼は、未だ欠席しておらず、皆勤賞も狙える

　勘違いや認識不足による初歩的なミスを、書き終えた後のチェックや決裁の過程で見つけられずにそのまま発信してしまうと、「担当者のミス」が「組織の恥」に発展しかねないので注意しましょう。

»POINT

辞書嫌いは損して恥かく。自分の認識が正しいか自信がない場合は、恥をかく前に迷わず辞書を引きましょう。文章を磨くための「読み物」としても、辞書はおすすめです。

49 » 誤用されがちな言葉に気をつける

　誤った言葉の使い方が、本来の用法よりも幅を利かせていることがあります。

　日常業務で文章を書く際、誤った言葉の使い方をするのは禁物です。書き手が意図したものと違う解釈をされたり、読み手によって解釈の違いが生じてしまいます。

> △　依頼された検討が**煮詰まって**しまった。

　「煮詰まる」は、議論が深まり考えが出尽くして、結論が出せる状態。「行き詰まる」「八方ふさがりの状態」ではありません。

> △　私には**役不足**だが、期待に添えるよう努力する。

　「役不足」は、力量に比べて役目が軽いことを言います。反対に、役目が重いことと誤用されがちなので、要注意です。

> △　私が**穿った見方**をしてしまっているのかもしれない。

　「穿った見方」は、「ひねくれた見方」という意味だと勘違いしている人が多くいますが、正しくは「うまく本質をついた見方」の意味です。

　誤用されがちな言葉はまだまだあります。列挙してみましょう。

遺憾である（×申し訳ないと思う　○心残りがある）

おもむろに（×突然、急に　○ゆっくりと）

佳境に入る（×大詰めを迎える　○最も興味深い局面になる）

確信犯（×故意犯　○正しい行為だと信じて犯罪を起こす人物）

気が置けない（×油断できない○気を使う必要がないほど親しい）

恣意的に（×わざと、作為的に　○自分勝手に）

斜に構える（×ひねくれる　○礼儀正しい態度をとる）

他山の石（×手本となる他人の行為　○参考にすべき他人の失敗）

手をこまねく（×準備して待ち構える○必要な行動を起こさない）

なし崩し的に（×いい加減、曖昧　○徐々に片付ける）

箸にも棒にもかからない（×手掛かりがない　○打つ手がない）

やぶさかではない（×仕方なく行う　○喜んで行う）

おざなり（×おろそかにする、放っておく　○いい加減なこと）

なおざり（×いい加減なこと　○おろそかにする、放っておく）

　このように列挙してみると、誤用されがちな言葉の多さに驚かされます。正確性が求められる行政文書では、ブレが生じないように改めて注意する必要があります。

❷POINT

文化庁が実施した世論調査（2018）では、「借金をなし崩しにする」について、65％以上の人が本来の意味と違う「なかったことにする」を選択しています。思い込みにはご用心！

50 » 重複表現は避ける

我が巨人軍は、永久に不滅です！

　これは、長嶋茂雄さんが現役を引退する際に、ファンに向けて発した有名なスピーチの一節です。魂の込もったこの力強い表現は、今もなお多くのファンの心を鷲掴みにしています。

　実は、このスピーチにある「永久に不滅」という表現は、同じような意味を内包する言葉を繰り返して用いる「重複表現」だと言われています。

　文学作品や歌詞などでは、インパクトを強くするための手段として意図的に重複表現を用いることがあります。

　しかし、公務員が書く文章に重複表現は必要ありません。

> 東日本大震災では、地震と津波、原子力発電所事故が複合的に発生した。
> このように複数の災害が同じタイミングで発生する複合災害から県民の生命と財産を守るために、風水害も含めた様々なパターンを想定した備えが不可欠であり、**解決が難しい多くの困難な課題が山積している**状況である。

　「解決が難しい多くの困難な課題が山積している」という部分には、①「解決が難しい」＋「困難な」、②「多くの」＋「山積」

という2つの重複表現があります。

重複を解除すると、次のようになります。

○ **困難な課題が山積している**状況である。

状況の深刻さや災害の切迫感を出すために、あえて重複表現を用いたとは考えづらいですが、結果として住民の不安を煽るような文脈になっています。

日常業務でよく見かける重複表現を列挙してみましょう。

●**日常業務で用いられがちな重複表現**

　×従来から行われてきた　○従来、行われてきた

　×検討過程の段階で　　　○検討段階で

　×違和感を感じる　　　　○違和感がある／違和感を持つ

　×一番ふさわしい適任者　○適任者／最もふさわしい者

　×成果が実る　　　　　　○成果が出る／成果がある

　×必ず行う必要がある　　　　○行う必要がある

　×駅前という立地に位置している　○駅前に立地する

　×連日厳しい暑さが続いている　　○連日、厳しい暑さである

　×水分補給をしっかりと取る　　　○水分をしっかりと取る

≫POINT

「ワクチン接種は、あらかじめ予約が必要です」。口頭では違和感はありませんが、広報紙やホームページに掲載され活字になれば、違和感を覚える人もいます。

51 ≫ 混交表現は使わない

　類似する言葉が混ざり、もっともらしい表現となって幅を利かせているのが「混交表現」です。

　長い時間をかけて用法が拡大され、一部の辞書に載っているものもあり、誤用とは言い切れないケースもあります。しかし、違和感を与える可能性が少しでもあるなら、あえて日常業務で使う必要はないでしょう。

なぜかよく使われています

△　在宅勤務等の増加に伴い、**当面の間**、公印の押印がない各種申請書類の提出を可能といたします。

　この事例を読んで違和感を抱いた人は多いと思います。

　「当面の間」という表現は、「当面」という言葉と「当分の間」が混ざってできた混交表現だと言われています。

　「当面」という言葉には、「今のところ」「現時点では」という意味があり、「とりあえず」「ひとまず」「さしあたって」というニュアンスを持っています。このニュアンスを強く残しながら、「変わる可能性がある暫定的な期間」をあらわす言葉として「当面の間」が生まれたものと推測されます。

　東日本大震災以降、この言葉が各種通知文書でも散見されるようになりました。

違和感のある混交表現を、さらに列挙してみましょう。

✕ ：**ご多忙中の折**、大変恐縮です。

「ご多忙中にもかかわらず」と「ご多忙の折」の混交表現です。近いものとして、「ご多用中にもかかわらず」と「ご多用のところ」の混交表現である「ご多用中のところ」も見かけます。

✕ ：事業に反対している住民の存在を**念頭に入れておく**。

「念頭に置く」と「頭に入れておく」の混交表現です。

✕ ：**寸暇を惜しまず**避難所の運営にあたる。

「寸暇を惜しんで」と「骨身を惜しまず」の混交表現です。

✕ ：**過半数を超える**賛成で可決された。

「過半数」と「半数を超える」の混交表現です。

⦿POINT

文章は、書き手の教養をはかる尺度とされることもあります。うっかり混交表現を使って、読み手をガッカリさせることがないように注意したいものです。

52 » 二重否定は使わない

> △ : 県営住宅の空きが**ないわけではありません**。

> △ : 隣の町と合併することによって、財政状況が**好転しな**
> **いとも限らない**。

　このように、否定する言葉を重ねて用いるのが「二重否定」で
す。一般的には、断定する自信がない場合や肯定・否定がはっき
りしない状況で「消極的な肯定」として二重否定が用いられます。
　しかし、回りくどい印象を持たれたり、誤解される危険性もあ
るため、日常業務で作成する文書では肯定表現を使うようにしま
しょう。それでは、事例を見てみましょう。

煮え切らない表現

> △ : 近年、地球温暖化の進行により、平均気温が上昇し
> ているため、大型台風が発生する確率が高まっている
> と言われています。
> 今年は異例の早さで台風が本市を**直撃しないとも限**
> **りません**。市民の皆さんには、早めに台風に対する備
> えを行っていただきますようお願いいたします。

　「直撃しないとも限りません」という表現は、市民に危機感を持ってもらうために微妙なニュアンスを滲ませようとしているのかもしれません。

　しかし、無責任な印象を持たれかねないので、自治体から住民に向けたこのようなメッセージでの二重否定は禁物です。

 近年、地球温暖化の進行により、平均気温が上昇しているため、大型台風が発生する確率が高まっていると言われています。
今年は異例の早さで台風が本市を**直撃する可能性があります**。市民の皆さんには、早めに台風に対する備えを行っていただきますようお願いいたします。

　この場合、「直撃するでしょう」とは表現できないので、「直撃する可能性があります」や「直撃するかもしれません」という表現をすることになります。

　「直撃しないとも限りません」という**二重否定の表現は、読み手によっては理解してもらえず、何が言いたいのかわからないという評価を受けてしまいます**。行政文書や住民向けのメッセージには、二重否定の表現は適さないと心得たいものです。

◎POINT

「市長と住民の面談なしで街づくりは進まなかった」これも一種の二重否定です。どうしてもこの表現を使いたいなら、「街づくりは進んでいる」と前置きするようにしましょう。

53 ≫ 慇懃無礼にご用心

国や自治体から届く通知文書や庁内の依頼文書など、日頃、私たちは様々な文書を目にしています。そのような文書が丁寧すぎて、逆に読みづらいと感じたことはありませんか?

かしこまった表現や丁寧な言い回しは、普段から使い慣れておかないと、いざというときに適切に使うことができず、読み手に違和感を与えてしまいます。

また、丁寧な言葉を並べていても心が込もっておらず、どこか相手を見下しているように感じる慇懃無礼な文書もあります。

△　　　**法改正に伴う調査の実施につきまして (ご照会)**

標記の件につきまして、○○省より調査がございましたため、下記の通りご照会させていただきます。

ご回答に際しましては、別添の法改正資料をご確認いただき、各自治体にて調査結果をお取りまとめいただいた上でご提出いただけると幸いでございます。

この調査では、該当がない場合は回答不要としますが、前年度に該当があった自治体は必ず今回の調査にも回答してください。

なお、特に断りがない限り、添付資料に記載の条文は、改正法による改正後のものとなることを申し添えます。

この事例は、丁寧すぎる言い回しで始まり、途中からなぜか少し横柄な文体に変わります。「書き手が途中で交替したのかな？」「内心、見下しているの？」という印象さえ受けてしまいます。

失礼のない範囲であっさりとした表現にしてみましょう。

憩懃無礼を解消

法改正に伴う調査の実施について（照会）

標記の件**について**、○○省より調査依頼が**ありましたので、下記のとおり照会いたします。**

別添の法改正資料をご確認いただき、各自治体にて調査結果を**取りまとめた上でご提出ください。**

この調査では、該当がない場合、**回答していただく必要はありませんが**、前年度に該当があった**場合は、お手数でもその旨をご回答いただくようお願いいたします。**

なお、添付資料の記載は、改正法による改正後の条文であることにご**留意ください。**

日常業務でも、「させていただく」を多用するなど丁寧すぎる文書を目にすることがありますが、読み手が内容を理解しづらくなってしまうため、節度を保ちましょう。

≫POINT

苦労して作成した資料を依頼主に送り、届いたお礼メールに「業務のご参考とさせていだきます」とあれば、「私の資料は参考程度なの？」とがっかりします。尊大な言葉にもご用心！

54 » 数字で示して誤解を防ぐ

　数字を一切使わずに事実を正確に伝えるのは、至難の業です。読み手は想像力を働かせて勝手な解釈をすることになってしまいます。また、誤解が生まれてトラブルに発展することもあるので注意する必要があります。

　事例を見てみましょう。

 用地取得に想定以上の時間を要したため、事業の工期が大幅に延びた。

　いかがでしょうか？

　数字を一切使わずに事実を伝えていますが、現場の苦労が全く伝わらないばかりか「大幅な工期の延伸は、けしからん！」と言われかねません。

現場の苦労が伝わる数字

 150件の用地取得に想定以上の時間を要したが、完了したことに伴い事業の工期を延伸するものである。

　用地取得の総数を「150件」と明示しました。これにより、個々の地権者と交渉する職員の苦労がインパクトのある数字で伝わります。しかし、工期の延伸日数がわからないため、「1〜2年だ

128

ろう」と勝手な解釈をされかねません。

 150件の用地取得に想定以上の時間を要したため、用地取得の完了に伴い工期を5年延伸するものである。

工期の延伸が「5年」であることを明示しました。

しかし、このような表現だと「5年も延伸するの？」と思う人がいるはずです。

 150件の用地を5年で取得する計画であったが、地権者の移転先が見つからないなどの理由で10年を要したため、工期を5年延伸せざるを得ない状況となった。

勝手な解釈や誤解が生じない

事実を正確に伝えるために、使える数字は全て盛り込みました。

4つの数字の相乗効果で、説得力は格段にアップしたはずです。

「このくらいは読み手も知っているだろう」という先入観があると、数字を間引いて文章を書きがちですが、全ての数字をしっかりと示して事実を正確に伝え、誤解を招かないようにする必要があります。

≫POINT

「たくさんの人」「かなりの人数」「非常に多くの人」など、読み手の解釈が分かれる表現も少なくありません。数字は嘘をつかないので、使える数字は文章に盛り込みましょう。

55 » 事実と意見は分けて書く

　私たち公務員が作成する文書には、事実だけを記載する議事録や通知書のような文書と、事実に加えて意見も記載する報告書や提案書などがあります。

　一方で、**事実（客観）と意見（主観）を混同して書いている文書も少なくありません。そのような文書では、書き手の意見が事実であるかのような誤解を招くこととなってしまいます。**

△　職員意識調査の結果では、人事評価制度について「適正な評価を行っている」と回答した管理職員の割合が83％であった。**一方、評価基準が明確になっていない、評価する側と評価される側が評価基準を共有できていないなどの制度上の課題もあり、**「適正かつ客観的な評価がなされている」と回答した職員の割合は29％にとどまっている。

書き手の主観・憶測

いかがでしょうか？

　意識調査の結果について、「83％」と「29％」という数字の間に、書き手の主観・憶測として「制度上の課題もあり」という表現が挟まれる形になっています。実際には、「制度上の課題もあるものと考えられ」という表現が正しいはずですが、意見が事実であ

るかのように表現されているのです。

 職員意識調査の結果では、人事評価制度について「適正な評価を行っている」と回答した管理職員の割合が83％であったが、「適正かつ客観的な評価がなされている」と回答した職員の割合は29％にとどまっている。
【事実】
このように、人事評価制度の現状としては、評価する側と評価される側の意識の差が大きくなっている。
【分析】
その原因としては、評価基準が明確になっておらず、評価する側と評価される側が評価基準を共有できていないことが考えられる。
【意見】

「事実」と「意見」を分けて書くと、このようになります。

一段落目は「事実」を明確に表現し、二段落目で「分析」をして「事実」から「意見」への橋渡しをしています。そして、三段落目で「意見」を表明しており、読み手にとってわかりやすい順序で文章が構成されています。

このような文章を書けば、「事実」と「意見」を見極めるという読み手の手間が省け、混同することもなくなります。

>> POINT

「事実」と「意見」は明確に分けて書き、「分析」を間に挟んで橋渡しさせると、読み手の負担が減り腹落ちする文章になります。

56 ≫ 否定文ではなく 肯定文で書く

　私たちが日常業務で書いている文章には、肯定文と否定文があります。

　普段、この違いをあまり意識せずに文章を書いている人も少なくないと思いますが、どちらの表現を使うかによって相手が受ける印象は大きく変わります。

　これらは、ケースバイケースで使い分けるべきものですが、否定文は遠回しな印象を与えたり様々な憶測を呼ぶこともあるため、日常業務では肯定文を使うようにしましょう。

訳あり案件？

⚠ ： 議会に上程していた条例改正案は、**否決されなかった。**

　「否決されなかった」ということは「可決された」はずです。しかし、あえて遠回しな否定表現を用いているようにも感じられ、「何か訳ありなのかな？」という印象を持ってしまいます。条例改正案に何か問題があり否決される可能性が高かったのか、それとも採決の際に可決要件ギリギリだったのかもしれません。いずれにしても、読み手には後味の悪いモヤモヤしたものが残ってしまいます。

○：議会に上程していた条例改正案は、**可決された。**

このように肯定文で書けば、訳あり案件という印象もなくなり、素直に読むことができます。

次の事例では、指示や依頼をする際に否定文を用いています。

△：議会に上程する条例改正案のチェックを、**怠らないようにしてください。**

このように否定文で指示や依頼をされると、信用されていないように感じる人が多いのではないでしょうか。次のように、素直に肯定文で表現すれば、そのような不快感も消えます。

○：議会に上程する条例改正案のチェックを、**しっかり行ってください。**

否定文は、様々な憶測を呼んだり読み手を不快にさせたりすることもあるため、公務員が日常業務で書く文章には馴染みません。

»POINT

否定文は奥歯に物が挟まったような表現になります。肯定文でストレートに表現すれば、書き手の意図が明確に伝わり、読み手が余計な神経を使う必要もなくなります。

57 » 動詞をシンプルに使う

　昇任試験論文や議会答弁などが典型例ですが、洗練された格調高い文章を書こうとして回りくどい表現を多用してしまう傾向があります。

　公務員が作成する文書は、誰が読んでもわかりやすく、正しく理解してもらえるように書く必要がありますが、必ずしも洗練された格調高い文章を書く必要はありません。

> △　社会生活を**営む**上で様々な事情を**有し**困難を**抱える**子ども・若者を対象に、子ども・若者の自立を**図り**健やかな育成を**促進し**、社会生活を円滑に**営む**ことができるように支援を**行う**地域活動団体に対し、活動の立上げを**行う**ための経費や持続的な運営を**図る**ための経費を補助します。

　この「補助制度の募集要項」の例文では、１つの文に名詞と動詞のセットが9回も登場しています。

　その結果、回りくどい印象の理解しづらい文章になっています。

　住民が読むことが前提となる募集要項や補助要綱などに、遠回しな表現を使うのは禁物です。

　「生活を営む」「支援を行う」「運営を図る」といった回りくどい表現を改善し、「生活する」「支援する」「運営する」のように

動詞をシンプルに使うと、平易でわかりやすい文章になります。

○ ： 社会生活を**する**上で様々な事情や困難が**ある**子ども・若者を健やかに**育成し、**自立して円滑に**生活する**ことができるように**支援する**地域活動団体に対し、活動の立上げや持続的に運営**する**ための経費を補助します。

●動詞をシンプルにした例

△ ： 市長が議会で所信表明を**行う**。

○ ： 市長が議会で所信表明**する**。

△ ： 財源の不足が**生じている**。

○ ： 財源が不足**している**。

△ ： 新型コロナウィルスの感染拡大防止を**図る**。

○ ： 新型コロナウィルスの感染拡大を**防止する**。

❯❯ POINT

外国人住民が増えている自治体も多いので、遠回しな表現は避けましょう。誰もが理解しやすいように、動詞をシンプルに使ったやさしい表現を心がけたいものです。

国語辞典を味わってみる

　パソコンやスマートフォンの普及により、国語辞典の存在感が薄れています。しかし、私は表現力を磨くために国語辞典を活用しています。国語辞典はどれも同じだと思われるかもしれませんが、出版社ごとに国語学者の個性が強く滲んでおり、それぞれが違う味を醸し出しています。この「味」を堪能するため、言葉の意味を調べる際に、私は３冊の国語辞典を読み比べています。

　１冊目は『旺文社 標準国語辞典〈第６版〉』。単純明快でストレートに言葉の意味を説明しており、わかりやすいのが特徴です。

　２冊目が『角川 必携国語辞典〈第13版〉』。似ている言葉の使い分けや漢字の筆順なども記載されており重宝します。

　３冊目は『三省堂 新明解国語辞典〈第７版〉』。用例や対義語の記載も充実しており、表現力を磨くのに最適です。

　「公務員」という言葉を引いてみると、旺文社は「国や地方公共団体の公務を担当し執行する人」、角川は「国や地方公共団体で仕事をおこない、国民に奉仕する人」、三省堂は「国家公務員と地方公務員の総称。一般職と特別職とに分かれる」と説明しています。

　さらに、「名文」を引くと、旺文社は「読む人をひきつけるすぐれた文章」、角川は「内容や表現がすぐれている文章」、三省堂は「論旨がだれにでもよく分かり、しかも訴える力の強い文章」と、三者三様の説明がなされています。

　語彙力を高めたい、文章を磨きたい、表現力を豊かにしたい、そのように考えている人にとって、国語辞典は最高の読み物です。

　傍らに置いて、いつでも開けるようにしておきたいものです。

第 5 章

効果的な
文章を書く

報告書から議会答弁書まで

58 ≫ 仕事の文章は 「結論先出し」で書く

　文章は、読み手が「忙しい人」だという前提で書く必要があり ます。しかし、何が言いたいのか、すぐにはわからない読み手泣 かせの文章も少なくありません。

　なぜ書くのか、最も伝えたいことは何か、これらが漠然とした ままで書き始めてしまうと、読み手がなかなか理解できない自己 満足の文章になってしまいます。

　そこで、心がけたいのは「結論先出し」で書くことです。

　忙しい読み手は、ちょっとしたスキマ時間を活用したり、業務 の合間を縫って溜まった文書をまとめ読みしています。このため、 パッと見ただけで結論や用件がわかる文書は、とてもありがたい ものです。

いきなり専門用語？

△　現在使用している**VoIP機器**（本庁舎と出先機関をつな ぐ内線通話用通信機器）は、昨年度入れ替えを行っ たものですが、メーカーより、一定期間以上の連続使 用で、着信を受け付けなくなる不具合が稀に確認され たとのことで、**バージョンアップ作業にて同不具合を 回避いたします**ので、ご協力をお願いいたします。

最後まで読まないと結論がわからない

　原文は時系列で書かれており、最後に用件が記載されています。このような文章は、用件を推測しながら読み進んでいかなければならず、回りくどい印象を受けてしまいます。

　それでは、「結論先出し」の文章にリメイクしてみましょう。

用件を先に書く

通信機器（内線通話用）のバージョンアップ作業を行います。
現在ご使用いただいている機器は、昨年度に導入したものですが、一定期間以上の連続使用をすると、稀に着信を受け付けなくなる不具合が発生することが、メーカーからの報告でわかりました。
ご協力のほど、よろしくお願いいたします。

　日頃、私たちはこのような通知文の他にも、依頼文や報告書など様々な文書を作成しています。これらの文書に共通するのは、読み手が最も知りたいのは結論だということです。したがって、**まず結論を書き、それを補強するために経緯や理由を添えるようにすれば、読み手の納得感を高めることができます。**

　「結論先出し」こそが、ビジネス文書の鉄則なのです。

≫POINT

前置きが長い文書より、いきなり核心をつく文書のほうが、理解しやすいため共感が得られやすくなります。結論先出しで書けないか、まず考えてみましょう。

59 ≫ 文書は箇条書きを基本とする

　箇条書きで文書を作成する癖をつけると、業務効率が高まるばかりか読み手にも喜ばれます。

　特に、首長や議員に読んでもらう報告資料、上司の手持ち資料などは、要点がパッとつかめるように箇条書きでまとめることをおすすめします。

△ 本市の総人口は、令和2年に35万人を突破し、過去5年間の推移を見ると平成27年から毎年微増している状況である。平成27年度に策定した本市の総合戦略プランでは、子育てしやすい環境の整備とファミリー層の定住促進を基本目標に掲げ、公設民営保育園の整備促進による待機児童ゼロに向けた取組みを促進してきたことも寄与し、生産年齢人口が約5％増加し、年少人口についても約4％の増加となっている。世論調査においても、共働きで子育てしやすいまちとして評価するという回答率が7割と高い水準を維持しており、今後も住み続けたいと回答した人の割合も8割を超えるなど、高い評価をいただいている状況である。

　これが重要な会議に出席する上司の手持ち資料だとしたら、上司は活用することができるでしょうか？　御守として持っているだけで、残念ながら役には立たないかもしれません。

　パッと見て、サクッと答えることができる効果的な手持ち資料にするためには、「箇条書き」に勝るものはありません。

- 本市の総人口は、令和2年に35万人を突破した。
- 過去5年間の推移は、平成27年から毎年微増している状況である。
- 生産年齢人口は約5％増加し、年少人口も約4％の増加となっている。
- 平成27年度に策定した『総合戦略プラン』では、「子育てしやすい環境の整備」と「ファミリー層の定住促進」を基本目標に掲げた。
- 目標達成に向け、**公設民営保育園の整備促進による待機児童ゼロに向けた取組み**を進めてきた。このことが人口増加に寄与したものと思われる。
- 世論調査でも、「共働きで子育てがしやすいまちだと評価する」という回答率が7割と高い水準を維持している。
- 「今後も住み続けたい」という回答も8割を超えている。
- 『総合戦略プラン』に基づく本市の取組みは着実に成果を上げており、市民から高い評価をいただいている状況である。

⊗POINT

肩に力が入った気合十分の文章は、数字やキーワードが埋もれてしまいます。一方、箇条書きの文書はパッと見ただけで数字やキーワードが確認できるため、とても重宝します。

60 >> 要件は「さて」 「つきましては」で伝える

　私たち公務員は、日常的に通知文や依頼文をやりとりしています。これらの中には、残念ながら完成度が低い文書も少なくありません。

　公印省略の簡易な文書であっても、しっかりと体裁を整え、読んでくれる相手に対して最低限の礼は尽くす必要があります。

⚠

地域活性化フォーラムの開催について（通知）

　日頃から、本協会の活動にご協力を賜り、心より御礼申し上げます。

　つきましては、下記の日程で地域活性化フォーラムを開催し、官民連携手法について理解を深め、地域課題の解決につなげてまいりたいと考えております。

　なお、職務ご多忙の折とは存じますが、貴所属職員への周知と参加の勧奨をお願いいたします。

　最後に、会場には駐車場がありませんので、公共交通機関をご利用ください。

> 接続詞が機能していない

　この通知文は、接続詞が本来の役割を果たしていません。

　「つきましては」は、「そこで」「そういうわけで」と同様に、前の文で示された内容への「対処」を導くための接続詞です。

このため、御礼のあいさつ文の直後に「つきましては」を置くと、前後の文がうまく接続されなくなってしまいます。

「なお」は、前の文で述べた内容に追加・修正がある場合に「余談ですが」という意味合いで使われなければなりません。

接続詞には一定のルールがあります

地域活性化フォーラムの開催について（通知）

日頃から、本協会の活動にご協力を賜り、心より御礼申し上げます。

さて、官民連携手法について理解を深め、地域課題の解決につなげていくことを目的に、下記の日程で地域活性化フォーラムを開催いたします。

つきましては、職務ご多忙の折とは存じますが、貴所属職員への周知と参加の勧奨をお願いいたします。

なお、会場には駐車場がありませんので、公共交通機関をご利用ください。

このように、通知文は、定型的なあいさつ文に始まり、**「さて」で本題に入り、「つきましては」で依頼したい内容に移行**します。**補足的な事務連絡は、「なお」として最後に記載します。**

❯❯POINT

「さて」→「つきましては」→「なお」。この流れを逸脱しなければ、失礼のない通知文を書くことができます。たとえ重要度が低い文書であっても、礼を尽くしましょう。

61 » 案内文に Q&Aを添える

仕事の効率を重視するあまり、前任者が作成した稚拙な文書を、時点修正してそのまま使っていませんか。

例えば、住民説明会の案内文は、受け取る相手の気持ちに寄り添い、効果的な作りにするように心がけたいものです。

保護者が不安になるワード

保育園の統合に伴う公設民営化について

拝啓　秋冷の候、皆様におかれましては、益々ご清祥のこととお慶び申し上げます。

　平素は、本市の保育行政にご理解とご協力を賜り、厚く御礼申し上げます。

　さて、本市では、建物の老朽化が著しい○○保育園と△△保育園を統合して、来年度より新しい園舎で公設民営保育園の運営を開始することとなりました。

　つきましては、下記のとおり公設民営化に伴う説明会を開催いたします。

　ご多忙の折、誠に恐縮ですが、ご出席を賜りますようお願い申し上げます。

敬具

記

日時　　令和2年11月20日（金）　午後6時～

会場	市民交流センター 第一会議室
担当	保育課 ○○、△△　電話□□□□

　このような案件は、参加者が不安を抱きながら会場に足を運び、その結果、反対意見が噴出して説明会が荒れてしまうことも想定されます。したがって、**安心して参加できるようにするための工夫が必要となります。**

　例えば、次のような「Q&A」をさりげなく添えてみましょう。

よくいただくご質問を紹介いたします。

Q．公設民営化によって、保育環境はどのように変わりますか？

A．民間事業者のノウハウを活かして保育サービスを拡充し、より質の高いきめ細かな保育を実現します。

　例えば、多様化する保育ニーズに柔軟に対応するため、保育時間の延長や布団レンタル、おむつ処理など様々なオプションをお選びいただけるようになります。

❯❯ POINT

説明会の参加者が抱く疑問や不安は、事前に把握できているケースが多いはずです。案内文にQ&Aを添えることで、その不安を解消できれば説明会は穏やかに進行できます。

62 ≫ 報告書には担当者の所感を添える

　自らの担当業務の進捗状況を上司に報告する際、簡単な報告書を作成すると上司と部下が共通認識を持ちやすくなります。

令和2年4月10日

街づくり部長
○○ ○○ 様

鉄道立体担当課

　　　市民アンケート調査の結果について（報告）
　表題の件について、以下のとおり報告いたします。
1. 調査目的
　・鉄道の高架化によって利用可能となる高架下に、どのような施設が整備されることを望んでいるのか、市民の意向を把握する。
　・高架下利用のゾーニング案を作成するための基礎資料とする。
2. 実施期間
　令和2年1月〜3月
3. 対象者
　住民基本台帳から無作為抽出した1500人の市民
　回答数　660人（回収率44%）

4．回答の傾向

　年齢や性別にかかわらず、次の施設を望む声が多い。

「保育施設」「医療施設」「公園」

5．今後の進め方

　関係各課で構成する検討組織を設置する。（5月頃）

　ゾーニング案を作成して市長に報告する。（10月頃）

　議会の常任委員会で庶務報告をする。（12月）

　一般的な報告書はこのような体裁になりますが、担当者の所感を最後に添えると、より効果的な報告書に仕上がります。

6．所感

・他調査の傾向から3割程度の回収率を見込んでいたが、44％という高い回収率となった。**市民の期待の大きさが数字に表れたものと思われる。**

・保育や医療など生活に直結する施設を誘致することを想定しながら、**今後の検討にあたってはスピード感を持って対応していきたい。**

担当者の所感は、報告書の内容を総括して今後の方向性を上司と共有するためにも、ぜひ記載するようにしましょう。

❯❯ POINT

報告書を受け取ると、最初に「所感」を読む上司もいます。要領よく説明して忙しい上司とも共通認識が持てるように、報告書に「所感」を添えてみてください。

63 >> 提案書は「みんなのため」に書く

　提案書を作成したことがない人も、「職員提案制度」や「業務改善提案制度」などには馴染みがあるのではないでしょうか。

　このような提案書には、審査により提案が認められた際に**他の職員も活用できる内容、つまり汎用性の高い提案が求められます**。

　下記は、「住民票の発行窓口で、混雑時にイライラしているお客様が多いけど、どうにかならないのかな？」という素朴な疑問を出発点に「みんなのため」を意識して作成した提案書です。

提案名「日本一快適な待合スペースへの挑戦！」

　本区では証明書コンビニ交付サービスを実施しているが、マイナンバーカードを持っていないなどの事情で、窓口で手続きをするお客様も多いのが現状である。

　窓口混雑時には待合スペースの椅子に座ることができず、多くのお客様が廊下に立って待っているため、全ての窓口サービスが活用できる快適な待合スペースの整備を提案する。

1.　**混雑期の窓口の状況**
　　・待ち人数：30 〜 50人程度
　　・待ち時間の目安：20 〜 30分程度

2.　**課題**
　　・待合スペースが狭く、混雑時に座れない人が多い。
　　・待ち時間が表示されないことに対する苦情が多い。

---

3. 解決策

- **閉ざされた空間となっている庁舎屋上に庭園を造り、全ての窓口サービスの待合スペースとして開放する。**
- ベンチ、パラソル、自販機を設置して快適な待合空間を創出し、季節の花々でお客様をおもてなしする。
- 富士山や東京スカイツリーを背景に、写真撮影ができるコーナーを設ける。
- リアルタイム表示板を設置し、順番や待ち時間がわかるようにする。

4. 必要経費

- リアルタイム表示システム　〇万円
- 屋上庭園整備経費　〇万円

5. 期待できる効果

- 苦痛だった待ち時間が、読書や写真撮影、談笑ができる時間に激変する。
- 証明書発行窓口だけでなく、全ての窓口が利用できる提案であるため、区民サービス向上に寄与できる。
- 窓口の混雑期以外は、小規模な区民イベントで活用することも可能である。
- 用事を済ませたお客様に、寄り道してもらえるような仕掛けをすることもできる。

❯❯ POINT

「みんなのため」を意識した汎用性の高い提案は、住民サービスの向上に寄与します。日常業務で抱いている素朴な疑問を出発点にして、一捻（ひとひね）りした提案をしてみましょう。

64 ≫ 制度案内は子どもでも わかるように書く

　公務員の仕事をわかりやすく住民に伝えることは、住民との信頼関係を築く上で極めて重要です。住民は、自分たちが支払った税金で公務員がしっかりと成果を出してくれていることがわかると、安心して生活することができます。

　しかし、役所内の様々な制度について、住民が理解するのは大変です。このため、広報紙やホームページなどを活用して、やさしくわかりやすく住民に伝える工夫が求められることになります。下記は、政策評価制度について説明した文章です。

> △　政策評価制度は、政策の評価の客観的かつ厳格な実施を推進し、その結果の政策への適切な反映を図ることと政策の評価に関する情報を公表することにより、効果的かつ効率的な行政の推進及び政府の有するその諸活動についての国民への説明責任の徹底を目指しています。

　この文章は、総務省の政策評価ポータルサイトから引用しました。他の省庁もホームページ等で制度案内をしていますが、公務員でさえ理解するのが難しい極めて専門的な文章になっていることが少なくありません。

　せっかく制度案内を載せるなら、子どもでも理解できるようなやさしい文章を書くように心がけたいものです。

「そもそも政策とは何か?」から丁寧に説明

「政策評価制度」をわかりやすく解説します。

国が抱える様々な課題を解決するための手段を「政策」と呼んでいます。

どのような課題も、解決するためには、Plan(計画)Do(実施)Check(評価)Action(反映)という手順で進めていきます。

Check(評価)の段階では、専門家などの意見を聞いて成果が出ているかを確認し、その結果を評価書としてまとめます。

Action(反映)の段階では、この評価書をもとに来年度も実施する必要があるかを判断し、予算の増減についても検討します。

このような一連の手続きを国民に説明する責任を果たしながら、予算執行の無駄を省くのが「政策評価制度」です。

制度案内に限らず、子どもや外国人住民が理解できる文章になっているかという視点で、自分の書いた文章をチェックしましょう。

◈ POINT

読んでもらえなければ、書き手の自己満足で終わってしまいます。「やさしく」「わかりやすく」をモットーに、多様な世代の住民が理解できるように言葉を紡いでいきましょう。

65 ≫ 予算要求書には 客観的な説明文を添える

　翌年度の予算要求は、公務員にとって大切な仕事です。十分な予算が付かないと、住民ニーズを満たすことが難しい業務も多いからです。

　継続的に実施している事業であれば、成果や実績の提示で足りるかもしれませんが、新規事業の予算を確保する場合には、誰もが納得する客観的な説明を求められることになります。

　予算要求書は、それぞれの自治体によって様式が定められていますが、添付する資料については所管課の判断に任せられていると思います。

　そこでおすすめしたいのは、**予算化したい新規事業について簡単な企画提案書を作成し、根拠資料を添付して提出する**ことです。

　ここで留意したいのは、予算の必要性について説明不足だったり、提出した資料に説得力がなかったりすると予算が付かないということです。要求額に対して一定額をカットされた内示になる可能性もあるでしょう。カットされた予算の復活・組替の折衝で年末ぎりぎりまで予断を許さない状況が続くのは避けたいものです。

　それでは、新規事業の予算要求書に添えた客観的な説明文の例をご紹介しましょう。

三和橋の架け替えに伴う比較設計委託費について

三和橋は、一級河川新中川に架かる橋長119mの橋である。この橋は、老朽化及び幅員狭小のため、架け替えることが決定されている。

新しい橋の形状やデザインは、行政側で決定するのが一般的であり、勾配がきつくて渡りづらい橋や華美なデザインの橋が批判されるケースもある。そこで、地元住民が愛着を持って利用できる橋にすることを目的に、橋の形状やデザインを住民協働のワークショップ形式で検討することとする。

住民参加型の検討組織として、公募住民、地元の自治町会や小中学校PTAの役員等で構成する「三和橋 橋づくり協議会」を設立する。これに伴い、橋づくり協議会の活動支援として以下の内容を本委託費に含むものとする。

1. ワークショップ形式での検討会議（2回/月×10か月）
2. 車いすに乗って現場点検（橋の勾配と歩道の段差確認）
3. バス見学会（近隣自治体の橋を巡る）

〈添付資料〉

　・住民参加で進めるメリットとデメリットの整理

　・他自治体における住民参加の実績

　・橋づくり協議会の規約（案）、事業計画（案）、名簿（案）

　・橋に関する苦情と要望の実例

»POINT

予算の必要性は委託の仕様書だけでは伝わりません。口頭で説明した内容が予算査定に反映されなければ、予算化は見送られてしまいます。必ず客観的な説明文を添えましょう。

66 ≫ 事業説明には「目的」「目標」「手段」を書く

　「目的」と「手段」が混在すると難文になることは、第2章26（64ページ）に書きました。

　文章は、「読み手が求めている情報は何か」を常に意識し、理解しやすい順番で組み立てる必要があります。特に、**事業の内容を説明するための文章は、「事業の目的」「達成すべき目標」「具体的な手段」を整理した上で書かないと、読み手が理解できなくなってしまいます。**

　読み手の立場になって書かれた好例をご紹介しましょう。

「目的」「目標」「手段」を一文に盛り込んでいる

○　コミュニティ助成事業は、宝くじの社会貢献広報事業として、コミュニティ活動の拠点となる集会施設の整備、防災活動に直接必要な設備等の整備、青少年の健全育成に資する親子参加型のソフト事業等に対して、助成を行うことで、地域コミュニティ活動の充実・強化を図り、地域社会の健全な発展と住民福祉の向上に寄与するものである。

　あえて一文が長い事例を紹介しましたが、事業の「目的」「目標」「手段」がしっかりと表現されています。事業の趣旨を正確に理解してもらうために、とても効果的な文章といえるでしょう。

それでは、この文章から事業の「目的」「目標」「手段」を拾ってみましょう。

一文にこれだけ詰まっていた

【目的】
・地域社会の健全な発展
・住民福祉の向上
【目標】
・地域コミュニティ活動の充実・強化
【手段】
・助成
【助成対象】
・コミュニティ活動の拠点となる集会施設の整備
・防災活動に直接必要な設備等の整備
・青少年の健全育成に資する親子参加型のソフト事業

これだけの要素を一文で表現しているのに読み手が混乱しないのは、「事業の目的」「達成すべき目標」「具体的な手段」が理路整然と表現できているからです。納得感のある文章とは、このような文章のことをいうのかもしれません。

≫POINT

手段が目的化しないように、目的と目標を明確に表現することが大切です。「目的」とは手に入れたい理想的な未来であり、「目標」とは目的を達成するために掲げる指標です。

67 ≫ 昇任試験論文は 当事者意識を持って書く

　「公務員の仕事は文書に始まり文書に終わる」と言われます。文書作成後に起案し意思決定がなされると業務が動き出し、保存年限を定めて関係書類を残すことで、業務の公平性や適格性を常に説明できるようにしておきます。このような「文書主義の原則」のもとでは、文章が書けないと業務が滞ってしまうため、昇任試験で論文を課し、文章力を問う自治体が多数あります。

　きちんと準備せずに試験に挑み、不合格になる人の多くは、当事者意識が低い論文を書いています。

△　本市では、子育て支援、防災対策、学校の建て替えなど、様々な施策が**行われている**。そのため、管理経費の節減や職員数の削減など、経営改革の取組みも**進められている**。しかし、景気後退の影響もあり、今後は法人・住民税が減少するとともに扶助費の大幅な増加が**見込まれており**、零細企業が多い本市においては市民生活の悪化が**懸念されている**。このため、限られた予算と人員で、複雑多様化する市民ニーズに柔軟に対応していくことが**大切である**。職員一人ひとりが意欲を持ち、能力を最大限に発揮し、組織力を高めるために、人材育成を進めることが**重要である**。

当事者意識の尺度ともなりうる語尾表現を拾ってみましょう。

「行われている」「進められている」「見込まれており」「懸念されている」「大切である」「重要である」……まるで人ごとのような言い回しが続き、評論文を読んでいるような印象がありますね。

本市は、全庁を挙げて行財政改革を断行し着実に成果を上げてきたが、新型コロナウイルスの感染拡大に伴う景気低迷などの煽りを受け、**経営環境は予断を許さない状況である。**

一方、少子高齢化対策や地震・風水害に対する備え、耐用年数を次々に迎える小中学校の建て替えなど、**喫緊の課題が山積している。**

このため、現場の最前線で実務の中核を担う**中堅職員が先頭に立ち**、業務改善をさらに進めて無駄を省き、人・モノ・金などの行政資源を**重点事業に振り向けていく必要がある。**今こそ、職員の育成に積極果敢に取り組み、**組織力の向上と戦力の底上げを図らなければならない。**

このように**「自分ごと」という意識を強く持って書けば、説得力が高い文章を展開することができます。**

⊗POINT

当事者意識が薄い論文は極めて低い評価となり、合格を勝ち取るのは難しくなります。「私を合格させたらこんなにメリットがある」という強い信念を持って論文を書きましょう。

議会答弁書は質問に正対する

　議会答弁書を作成する際には、公務員の文章力が試されることになります。通常は、まず係長や担当職員が作成し、それを管理職が修正した上で仕上げることが多いと思われます。

　作成する際に大切なことは、**議員からの質問にしっかりと正対する**ことです。議員は住民の信託を受けた厳粛な地位にあり、**答弁は住民に向かって行われることにもなる**からです。質問の趣旨をしっかりと捉えて、漏れのない答弁書を作成したいものです。

【質問要旨】

　災害時、多くの市民が避難する学校避難所の運営については、行政だけで対応することは難しいものと思われる。市はどのように考えているのか答弁を求める。

【答弁書】

　台風や大雨、地震に対する地域防災につきましては自助・共助・公助という三つの活動パターンを適切に組み合わせて対応していくことが重要です。

　まず「**自助**」は、自らの命は自らが守るという信念のもと、備える、避難する、逃げるという判断を適切に行いながら行動することになります。

　次に「**共助**」は、行政に頼らずに地域の皆さんが互いに助け合う地域運営の理想形であるとされており、ご質問にあります学校避難所の運営にも当てはまる信念であると考えております。

　学校避難所の運営にあたりましては、「**公助**」という力強い支えがあってこそ住民が安心して避難生活を送れることになりますが、地元自治町会の皆さんや避難した方々が主体的にその運営を担っていただくことが大変重要であると認識をしております。

　その上で市といたしましては、自力で避難することが困難な住民への対応や二次被害を抑えるための取組みなど、住民の生命と財産を守るための活動に全力を傾注してまいる所存でございます。

　地球温暖化の影響で大型台風が頻発していることを受け、各自治体では水害対策に関する質問が多くなっていると思われます。

　このような質問には、**答弁の先に住民がいる**ことを念頭に「自助・共助・公助」というキーワードを適切に用いながら、質問に正対した答弁書を作成することとなります。

❷POINT

議会答弁書は、質問した議員だけでなく議場にいる全議員を意識し、住民に対する力強いメッセージにもなるということを念頭に置きながら作成しましょう。

69 » 人を動かす文章を書く

　イベントや住民説明会などの参加者を増やすためには、人を動かす文章を書かなければなりません。人を動かすためには、動機づけが必要です。

●動機づけの3要件
① 危機感を持たせる
② 必要性を訴える
③ メリットを伝える

特定保健指導のご案内

　日頃より当健康保険組合の事業運営にご協力を賜りありがとうございます。

　さて、健診の結果、あなたは下記の特定保健指導支援レベルの対象となりましたので、実施のご案内をさせていただきます。あなたの健康のために、特定保健指導をぜひお受けください。

記

1. あなたの特定保健指導支援レベル：「積極的支援」
2. 利用方法：別紙の健診機関で初回面談予約をする。
3. 費用：全額当健康保険組合が負担します。

この案内では、「気をつけなきゃ」とは思っても、すぐに面談の予約は入れないのではないでしょうか。下記の改善文では、動機づけの3要件を盛り込むことで、行動変容を喚起しています。

メタボリックシンドロームの危険通知

先日は、健康診断を受診していただき、誠にありがとうございます。

突然、残念なお知らせですが、あなたは「内臓脂肪症候群」です。【危機感を持たせる】

このまま放っておくと動脈硬化が急速に進行したり、心臓病や脳卒中が発症するリスクが高まります。好きなものを食べられなくなったり、大好きなお酒が飲めなくなったりする**危険性もあります。**そのリスクを軽減するためにも、**別紙記載の方法で特定保健指導をぜひお受けください。【必要性を訴える】**

これまで100人以上のメタボを卒業させてきた保健師と管理栄養士が、あなたをお待ちしております。

なお、**費用は全額、当健康保険組合が負担**します。

〈受診者の喜びの声〉

◎健康診断の数値が、全て改善されました。家族も喜んでいます。**【メリットを伝える】**

❱❱POINT

動かない人を動かすためには、文章でひと工夫する必要があります。「危機感」「必要性」「メリット」という動機づけの3要件を、ぜひ実践してみてください。

70 >> 参加したくなる案内文を書く

　イベントや住民説明会の案内チラシに載せる文章は、参加意志がない人にも参加してもらうために工夫が必要となります。
　休日や夜間などのプライベートの時間を使ってでも「参加してみよう！」と思ってもらうためには、魅力的で有益な催しであることをアピールする必要があります。 このアピールが読み手に届かないと、残念ながら閑古鳥が鳴くことになってしまいます。
　次のようなチラシが届いたら、参加したいと思いますか？

△　今、日本は、人口減少、地域間格差、コミュニティ脆弱化等の課題を抱えています。日本経済の再生のために、地域の活性化が求められています。
　　つきましては、全国の市町村長が一堂に会して議論・交流を行うことを通じて、地域活性化の一層の進展・普及を図ることを目的に、地域活性化全国サミットを開催いたします。奮ってご参加ください。

　このチラシを見て、参加してみたいと思う人が何人いるでしょうか？　参加意欲が刺激される文章だとは言い難いですね。
　各自治体の首長も参加するのに、参加者が少なくて大きな会場は空席ばかり。担当者として、そのような事態だけは絶対に避けなければなりません。

それでは、参加したくなる文章にリメイクしてみましょう。

読むだけで元気が出る文章

元気溢れる日本！ その実現は全国の**自治体職員の肩**にかかっています。今年も皆さんのご期待にお応えすべく「地域活性化全国サミットin〇〇」を開催します。**合言葉**は「地域の**チカラ**で日本を元気に！」です。
全国の市町村長が一堂に会し、各地域が独自に生み出した**アイデア満載**の取組みをご紹介するとともに、日本が元気になる**「目からウロコの提案」**をいたします。
地域を活性化したい！日本を元気にしたい！そんな**ガッツ溢れる元気印**の自治体職員の皆さん、奮ってご参加ください！

　読み手の好奇心をくすぐる言葉を随所にちりばめ、参加意欲を刺激する工夫をしてみました。

　閑古鳥が鳴いているイベントや説明会は、担当者にとって屈辱でしかありません。**いざ担当者になったときに慌てないように、日頃から人を呼び込む文章を書く訓練をしておきたいものです。**

≫POINT

元気いっぱいのイベントであっても、元気のない案内状であれば人を呼び込むことはできません。キラリと光るキーワードを随所にちりばめ、読み手の好奇心をくすぐりましょう。

71 ≫ 温もりのある メールを書く

　事務的で味気ないメールをもらい、相手との距離を感じて寂しくなったことはありませんか？

　仕事上のメールであっても、相手との関係性に配慮しながら心遣いを添え、温もりのあるメールを書けるようにしたいものです。

　それでは、事例を見てみましょう。

体温がない冷たい文章

　　○○様
　　　平素より、大変お世話になっております。
　　　先日は、お忙しい中、たくさんのアドバイスをいただき、心から御礼申し上げます。
　　　おかげさまで、事業に反対する地元住民の皆さんとの話し合いを無事に行うことができました。
　　　ありがとうございました。

○○市　○○

　御礼のメールなのに極めて事務的で感謝の気持ちが伝わってきません。その理由は、文章に「体温」がないからです。

　文章の体温とは、読み手に対する思いやりであり、読み手が感じ取ることができる温もりです。 相手の顔を思い浮かべながら、丁寧に言葉を紡いでいくことで、文章に体温を持たせるようにし

ましょう。

○○市　○○課　○○○○様

　いつも大変お世話になっております。

　先日は、お忙しい中、ご相談に乗っていただき、誠にありがとうございました。

　○○様からたくさんの貴重なアドバイスをいただいたおかげで、事業に反対する地元住民の皆さんにご理解いただくことができました。

　今回も住民の様々な価値観に触れることとなり、合意形成の難しさだけでなく、その醍醐味も味わうことができました。これも○○様のおかげです。

　いよいよ今年も残り少なくなってきましたね。今年の忘年会は、地元のおでん屋で行います。名物は、ナイフとフォークで食べる「巨大はんぺん」です。いつか○○様ともご一緒できれば幸いです。

○○市　○○課　○○○○

　このように心遣いの文章を添えると、メールに体温を持たせることができます。相手との関係性によってその分量は調節するようにしましょう。

❯❯POINT

親近感を出すために顔文字を使ったり、(笑)(爆)(涙)(汗)などを連発して品位を落とさないように注意しましょう。小細工なしでも、真心を伝えることはできます。

72 >> 御礼文は「自分の言葉」で心を込めて書く

電話やメールなどで簡単に済ませることもありますが、感謝の気持ちを文章で相手に伝える場面も少なくありません。

例えば、行政視察などで先進事例の話を聞く機会があれば、対応してくれた自治体の職員に御礼文を書きます。また、仕事上の関わりがある他自治体の職員に人事異動に伴う御礼メールを送ることもあるでしょう。イベント運営を手伝ってくれた地元企業やボランティア団体に、感謝の気持ちを伝えることもありますね。

形式的な御礼文をもらっても嬉しくないので、ぜひ「自分の言葉」で心を込めて感謝の気持ちをしたためてみましょう。

○
　　日頃から、○○地区の街づくりにご尽力いただいている皆様に敬意を表します。

　　さて、4月1日付けの人事異動に伴い、私は総務部総務課に異動することとなりました。これまで、○○地区の担当として4年間、皆様にかわいがっていただき、たくさんのことを勉強させていただきました。

　　皆様から学んだ「義理と人情」「地元愛」を胸に刻み、新しい所属でも誠心誠意がんばってまいります。

　　本当にありがとうございました。

> 「自分の言葉」を添える

いつも大変お世話になっております。

先日は、お忙しい中、街づくり事業についての丁寧なご説明に加え、複数の現場をご案内していただき、心から感謝申し上げます。

住民主体の街づくりが動き出した現場を拝見し、貴市と地元住民が協働で新しい街を作り上げていることに感銘を受けました。そして、街づくりの奥行きの深さを改めて思い知らされた次第です。

本市でも、市長が「住民との協働」を街づくりの方針に掲げ、「現場第一」を実践しているところであり、今後は貴市の取組みをお手本としながら街づくりに邁進してまいります。

予算議会の開会中にもかかわらずご対応いただいたことに、改めて心より御礼申し上げます。本当にありがとうございました。

追伸　本市にお越しの際は、ぜひお声がけください。おいしいもつ焼きとハイボールをご馳走させていただきます。

このように、**親近感がある砕けた話題を「追伸」に添えること**で、形式的な御礼文から脱却でき、相手の心にも響きます。

»POINT

形式的な御礼文は、もらっても大して嬉しくないものです。たった一言、自分の言葉を添えるだけで、温もりのある御礼文になり、感謝の気持ちがグッと伝わるようになります。

73 » 文章に季節感を出す

日本は世界の中でも四季を感じやすい国です。季節の移ろいを五感で味わい、美しい言葉を紡ぐのも、文章の楽しみの１つです。

　日頃から職場でやり取りしている事務的なメールにも、季節の味わいを添えてみませんか？　きっと、あなたの心遣いが読み手に届くことでしょう。

　例えば、「残業を減らしましょう！」と職員に働きかけるメールを送っている自治体は多いと思います。毎月のように同じ文面で送っていたこのようなメールにも、季節感を出してみてはいかがでしょうか。

読み手にうんざりされませんか？

△　本日は、ノー残業デーです。総労働時間縮減の趣旨をご理解いただき、定時退庁に努めましょう。
働き方改革は、一億総活躍社会の実現に向けて労働環境を大きく見直すための取組みです。
職員の皆さんのご理解とご協力をお願いいたします。

　このようなメールは、書き出しを見ただけで「また来たか」とため息をつかれ、最後まで読まずに削除されかねません。

　毎月、同じような文章を機械的に送るのではなく、季節感を出しながら、読み手に対する心遣いを滲ませてみましょう。

ほのぼのとする書き出し

○ **新入生のランドセルが街に彩を添えていますね。** 花冷えが続いていますが、職員の皆さんは体調を崩されたりしていませんか？
本日は、ノー残業デーです。
定時退庁に努めていただき、友人やご家族とゆっくり過ごしたり、趣味のために時間を使ったりしてみてはいかがでしょうか。

希望のある書き出し

○ **冬来りなば 春遠からじ。**
寒い日が続きますが、新しい春はひっそりと準備を始めています。
職員の皆さんも、春を待たずに新しいことにチャレンジしてみてはいかがでしょうか。
本日は、ノー残業デーです。定時退庁に努めましょう。

「新入生」「ランドセル」「花冷え」など、四季を感じることができる言葉を添えて、文章に季節感を出してみました。

》POINT

事務的なメールや日常的な事務連絡であっても、パソコンのキーボードを機械的にたたくのではなく、美しい言葉を紡ぎながら文章を楽しんでみることをおすすめします。

リスクに目を向ける

「炎上」という言葉があるように、何かを伝えようとする際は、その内容によって生じるリスクを常に想定しておくことが大切です。

かつてセブン-イレブンが販売を試みようとした「100円生ビール」は、リスクに目を向けることの大切さを教えてくれた一例です。

2018年、セブン-イレブンは、首都圏の一部店舗で生ビールの試験販売を予定していました。しかし、その数日前、対象店にビールサーバーが設置されると、SNSを通じて情報が一気に拡散し、店舗や本部に問い合わせが殺到したのです。

ネット上では、賛否両論が巻き起こりました。賛成派からは、「缶ビールより安いね」「気軽に飲みニケーションできるな」といった歓迎の声が上がりました。

一方、反対派からは、「店が酒臭くなるのはイヤだな」「たむろされたら迷惑だ」「未成年者の飲酒を誘発しない?」「近隣住民の理解は得られるの?」「苦情は誰に言ったらいいの?」など、様々なリスクに対する懸念の声が上がります。

その結果、「想定以上の反響があり、需要が大きく高まった際の販売体制が整えられない」という理由で、試験販売は急遽中止になったのです。

身近で便利なコミュニケーション手段としてSNSが普及し、自分の考えを気軽に書き込んで発信することができるようになりました。しかし、安易な書き込みをすると非難が殺到し、炎上することにもなりかねません。多様な価値観の読み手と真摯に向き合い、吟味しながら言葉を紡ぐようにしたいものです。

第 6 章

文章を吟味し、推敲する

行政文書を書く責任を自覚する

74 ≫ コピペの達人は文章が上達しない

　うまい文章を真似するのと、コピー＆ペースト（コピペ）は違います。

　文章がうまい人の真似をしながら自分で文章を考えるのは、表現力を鍛えるために効果的です。一方で、コピペの達人は「選んで貼る」という作業をしているだけで、自分で文章を練っているわけではないので、文章が上達しません。

　例えば、皆さんが災害廃棄物の処理委託を発注することになったとします。前任者から引き継いだファイルを確認すると、過去の災害でも同じような委託を発注しており、次のような理由で特命随意契約の起案をしていました。

> △　台風18号に伴う豪雨により河川の堤防が決壊したことに伴い、大量の災害廃棄物が発生した。
> 　この災害廃棄物の運搬処理は緊急性が高く、競争入札に付する余裕がないため、本市における業務実績が豊富で処理能力も高いリサイクル清掃協同組合と特命随意契約を締結する。

　時点修正をすることもなくコピペすれば使えそうですが、手間はかかっても自分で理由書を作成してみてはいかがでしょうか？

令和元年台風19号災害廃棄物運搬処理業務委託

　台風19号に伴う記録的な大雨により河川が氾濫し、本市の広範囲で甚大な浸水被害が発生したことに伴い、大量の災害廃棄物が発生している。

　このため、市内全域に散乱している災害廃棄物を、市が確保した仮置場に運搬するための業務委託を締結する必要がある。

　本業務は、被災住民の生活再建及び衛生管理の観点から迅速かつ確実な処理が求められ、極めて緊急性が高く競争入札に付する時間的余裕はない。

　したがって、過去に災害廃棄物を処理した実績があり、本業務を迅速かつ確実に履行する能力を有するリサイクル清掃協同組合と随意契約を締結することといたしたい。

　たとえ同じ案件であっても、オリジナルの文章を作らないと、仕事の醍醐味も達成感も味わうことはできません。さらに、表現力を鍛えるせっかくの機会を逃すことにもなってしまいます。効率も大切ですが、コピペはほどほどにしましょう。

»POINT

最近、コピペの達人が増えてきたように感じます。オリジナルの文章を作る喜びを放棄するのは惜しいことです。コピペの達人ではなく、ぜひ文章の達人を目指しましょう。

75 » 教養・感性を磨く

「いぶし銀」という言葉があります。派手な光沢ではなく時間をかけて熟成された「味わい深さ」を表します。スポーツでは、堅実なプレーやベテランらしい活躍を「いぶし銀」という言葉で評価しますが、この言葉がピッタリと当てはまる文章もあります。

総会　ご来駕のお願い

　満開の桜に心をときめかせていたと思ったら、今は目にも鮮やかな新緑。自然は魔術師。見る者の目を楽しませ、心を豊かにしてくれます。

　今般、本街づくり協議会は栄えある「協働街づくり表彰」を受賞いたしました。至極光栄に存じます。今後とも「街づくりは人づくり」の理念をもって、心豊かな街づくりに邁進してまいります。

　時には厳しく、時にはそっと背中をおしていただければ幸甚でございます。

　さて、下記のとおり通常総会を開催いたします。

　公務ご多端のところ恐縮でございますが、ご臨席を頂き激励のお言葉を賜りたくご案内申し上げます。

まず、「ご来駕のお願い」という表題に心が動かされます。

来駕とは、来訪の尊敬語であり、「おいでいただく」をより丁寧に伝えたい場合に用います。普段、目にすることが少ないこの

言葉が、招待状に教養の深さを滲ませています。

常任理事会開催のお知らせ

梅雨入りが近いのでしょうか。紫陽花が私の出番と花を咲かせ始めました。この花、別名「七変化」と呼ばれています。葉の色と変わらぬつぼみは、ほどなくして純白へ。やがて青から藍色、紫へと花の色を変えていきます。

考えてみますと、私達の街も七変化の途中。いつまでも変わらぬ鮮やかな街の色は残しつつ、新しい街をしっかりと紡いでいきたいものです。

秋の収穫に向けて大事な雨、貴重な恵みの雨でございます。

本日ご列席の皆々様におかれましては、お忙しいなか、また足元の悪いなか、恵みの雨に肩を濡らしながらお越しいただきまして、誠に誠にありがとうございます。
（ある街づくり協議会の会長あいさつより）

豊かな感性と教養が、豊富な人生経験のもとで融合してこそ「いぶし銀」の輝きで文章を飾ることができると教示しています。

▶▶POINT

「たった一言が人の心を傷つける。たった一言が人の心を温める」と神社の掲示板にありました。人の心を温める言葉を紡ぐためにも、教養と感性を磨きましょう。

76 » 声に出して読み返す

　文章は、書き終えてからどうするかで良し悪しが決まります。いくら出来が良くても、すぐに完成とはなりません。

　強く意識したいのは、「文章を書くこと」と「推敲」はセットだということです。推敲せずに完成する文章はないのです。メールやSNSへの書き込みなど簡易な文章も例外ではありません。

　「推敲」には、文章を作成するのに比べて何倍もの時間と労力がかかると言われています。**文章の価値は、「推敲」で決まると言っても過言ではないのです。**

　文章を書き終えたら、まず書き手から読み手に立場を切り替えます。そして、「自分の文章を他人の目で読む」という発想を持ちましょう。

　次に、声に出して読み返します。これは、「文章を耳で聞く」という作業になります。読みやすいか、テンポは良いか、誤字・脱字がないか、言い回しがおかしくないか、同じ言葉や同じ語尾を多用していないか、一文が長くないか、読点の位置は適切か、接続詞の使い方を間違っていないか、それぞれのチェックポイントを耳で聞きながら確認していきます。

　パソコンの画面上ではなく印刷したものを、できれば最初から最後まで通して音読してみてください。**声に出して読んだときに引っかかりを感じる部分に、改善ポイントが隠れています。**

　それでは、次の例文を声に出して読んでみてください。

環境に一番優しい乗り物とされる、自転車の利用を促進するために自転車走行レーンを設けた。その結果、歩行者の約8割、自転車利用者の約7割の人が、安全性・快適性が改善されたと感じている。

　この例文では、読点の位置が適切でない箇所と表現に重複感のある箇所で引っかかりを感じるはずです。

読点の位置、ここでOK?

　環境に一番優しい乗り物とされる、自転車の利用を促進するために自転車走行レーンを設けた。その結果、歩行者の約8割、**自転車利用者の約7割の人**が、安全性・快適性が改善されたと感じている。

「利用者」「人」が重複

　環境に一番優しい乗り物とされる自転車の利用を促進するために、自転車走行レーンを設けた。その結果、歩行者の約8割、**自転車利用者の約7割**が、安全性・快適性が改善されたと感じている。

»POINT

自分の文章を他人の目で読むためには、書いてから一定の間を置く必要があります。しかし、他人の耳で聞くという推敲は書き終えたらすぐに始められます。

77 » 添削癖をつける

　他人が書いた文章を疑う癖、それが「添削癖」です。この癖が、私たちの文章を磨いてくれます。

　添削するのに適した文章は、職場だけでなく街のあちらこちらにたくさん転がっています。意外だと思われるかもしれませんが、文章のプロが書いた新聞記事にも添削したくなるような文章が載っていることがあります。

　他人の書いた文章を完璧なものだと思わずに、一文の長さ、助詞や読点の使い方、主語と述語の関係などに着目して、どんどん添削してみましょう。遊び感覚で楽しみながら文章力を向上させることができます。

　ある街を訪れた際、駅前でチラシをもらいました。近くにある児童館が廃止されそうになっているらしく、廃止に反対する団体がマイクを握って通行人に訴えていました。

　チラシに載っていた「利用者の声」を見てみましょう。

切実な思いが伝わらない

 孫がよく通っていて楽しみで作ったものをプレゼントしてくれました。近くにそういう場所がなくなるのは寂しいです。職員の方々にもとてもよくしてもらっているようです。

駅前や街頭で配られるチラシは、受け取って読んでくれた人たちが共感してくれなければ、ただの紙切れになってしまいます。

児童館に馴染みのない人たちにも「廃止しないでほしいな」と思ってもらえるように、このようなチラシに載せる「利用者の声」は臨場感のあるものにするとよいでしょう。

 孫は児童館が大好きで、通うのをとても楽しみにしています。児童館で作った大切なものを、いつも私にプレゼントしてくれます。**子どもたちに愛されている児童館がなくなるのは寂しすぎます。児童館は地域の宝です！**

共感を呼ぶ文言を入れる

日頃から、問題意識を持って読むことを習慣づけていると、何気なく受け取ったチラシや掲示板のポスター、新聞の折り込み広告などを読んでいる際にも、不適切な表現や違和感のある言い回しを簡単に発見できるようになります。

読むだけでストレスを感じてしまう悪文や、「誰が書いたの？」と聞きたくなるような稚拙な文章に出合ったら、そのまま放置せずに正しく伝わるわかりやすい文章にリメイクしてみましょう。

≫POINT

チラシやポスターも文章を磨くための絶好の教材になります。添削癖がつくと、不適切な表現が不思議なほど浮き出して見えるようになるはずです。

78 » 文章の「癖」を直す

　文章の「癖」は、誰もが持っています。ダラダラと長い文を書く癖、なぜか回りくどい表現をしてしまう癖、冷たい印象を与えてしまう癖など、読む人にとっては厄介なものばかりです。

　このような癖は、自分の文章を「第三者の目」でチェックすることで見つけることができます。

> △　中山間地域においても、将来にわたって地域住民が安心して暮らし続けることができるように、必要な生活サービスの**維持・確保**に努め、地域における**仕事・収入**を**確保**しながら、生活サービス機能の**集約・確保**を図ります。

　この文章を書いた人には、並列表記をする癖があります。説明不足を招くことが多いので、並列表記の癖は直しましょう。

> ○　中山間地域においても、将来にわたって地域住民が安心して暮らし続けることができるように、生活サービスの量と質を**維持**します。また、**雇用の創出を図り**地域内で安定した**収入が得られるように**、生活サービス機能を**集約**していきます。

住民説明会の日程について連絡をいただきましたが、別件があり私は出席できません。別日程であれば出席します。よろしくお願いします。

メールの事例ですが、上から目線で冷たい印象ですね。この人には、「クッション言葉」を用いない悪い癖があるようです。

 住民説明会の日程についてご連絡をいただき、ありがとうございます。
あいにく当日は他の予定が入っており、**残念ながら**出席することができません。お忙しいなか日程を調整していただいたのに申し訳ございません。
誠に恐縮ですが、再度、日程調整をしていただくことは可能でしょうか?
事業を推進するために重要な住民説明会となりますので、別日程であればぜひ出席させていただきたいと存じます。

柔らかい印象の文章にしてみました。お詫びや御礼の言葉も添えて、相手に不快感を与えないように心がけたいものです。

⊗POINT

自らの文章の癖を見つけて改善する努力をしましょう。「第三者の目」でチェックしても見つけることができなければ、信頼できる上司に見つけてもらってください。

79 ≫ 悪文の要因を
見抜く力を付ける

「結局何が言いたいの？」と言われてしまう文章は、「悪文」と呼ばれます。なぜ悪文なのか、どこを直せば悪文でなくなるのか、書いた本人は認識していないことがほとんどです。

> △　令和２年度の管理職選考の**受験者677人のうち女性は94人であり**、令和３年度の受験申込については５月14日が締め切りとなっている。【①】
> 筆記試験は、択一問題及び記述問題が**課される**上、1500字〜2000字程度の論文課題を**課して**おり、受験者には早めの準備を**期待している。**【②】
> **平成25年に経験者採用で入庁した鈴木さんの妻は、**令和２年度に初めて受験して見事に合格した。【③】
> 鈴木さんの上司である課長は、**鈴木さんの妻を文章を書くのが得意な庶務係長の佐藤さんに**紹介し、文章指導をお願いした。【④】
> マンツーマンの論文指導を継続したことで、自信を持って試験に臨むことができたと**話している。**【⑤】
> 近年、子育てと試験勉強を両立させながら合格する女性が増加傾向にある。

悪文になった要因は、本書でも前述した以下の５点です。

① 一文二意：受験者数と申込締切日を一文で述べている

② 主語と述語のねじれ：課される、課している、期待している
③ 解釈のブレ：平成25年に入庁したのは鈴木さん？ 鈴木の妻？
④ 修飾語の順序：長い修飾語が付く人物を前に配置していない
⑤ 主語が不明：話しているのは誰なのかがわからない

令和２年度の管理職選考の受験者677人のうち女性は94人であった。【①】

令和３年度の受験申込は５月14日までであり、期限が迫っている。【①】

筆記試験は、択一問題に加え記述問題、1500字〜2000字程度の論文課題が課され、人事課では受験者に早めの準備を勧奨している。【②】

鈴木さんの妻は平成25年に経験者採用で入庁し、令和２年度に初めての受験で見事に合格した。【③】

鈴木さんの上司である課長は、文章を書くのが得意な庶務係長の佐藤さんに鈴木さんの妻を紹介し、文章指導をお願いした。【④】

マンツーマンでの添削を継続してもらったことで、自信を持って試験に臨むことができたと鈴木さんの妻が話している。【⑤】

≫POINT

「書く力」を武器にして仕事で成果を出すためにも、自分が書いた文章の欠点を見つける力はもちろん、部下が書いた悪文の要因を見抜く力もぜひ身につけてください。

80 >> 自分が「最後の砦」という意識を持つ

　対外的な文書は、決裁が終わり発出された段階でその効力が発生します。誤りがあったり表現が不適切だったとしても、撤回や差し替えはできなくなってしまいます。

　このため、文書を発出する前に、職場内で二重・三重のチェックをすることになります。皆さんの職場では、どのようなチェック体制をとっていますか？

　まず、決裁前の最終確認を担当者自らが責任を持って行います。さらに、決裁の過程で係長と課長が内容や文章表現をチェックし、案件によっては部長が最後の確認をして決裁されるはずです。

　この決裁過程において、文書をチェックする「最後の砦」は誰でしょうか？　係長や課長が「最後の砦」として有効に機能している職場では、表記ミスや不適切な表現が見逃されたまま発出されることはないはずです。

　しかし、担当者を信用しきっている上司やどんな文書を見せても「オッケーオッケー」と言うような上司だと、「最後の砦」は機能しないことになってしまいます。残念ですが、このような職場にいる担当者は、潔く自分が「最後の砦」になるしかありません。

　もちろん最終的な責任は上司が取ることになりますが、本来の「最後の砦」が機能していないこのような状況は、担当者にとって悲劇でしかありません。

　では、事例を見てみましょう。

> △ **テレワークの導入状況及び導入予定について（照会）**
>
> いつもお世話になっております。さて働き方改革を積極的に進めている県よりテレワークの導入計画に関する照会が**来ており**本市としても情報収集を始めたとこ**と**であります。
>
> **つきましては**県の動向は**さておきまして**、テレワークの導入計画に**つきましては**本市として独自に検討を進め今後の業務の参考と**いたしたいところでございます**。なおこれまでの検討経緯を**踏まれる**と本市では窓口職場等を除き令和3年度内の導入を目ざしておりますが、貴市の動向について6月12日（金）までに**必ず**下記アドレスあて電子メールでご回答いただけますよう**お願いたします。**

　誤字、脱字、不適切な表現、読点の不足など問題だらけですね。文書の作成者がチェックを怠り、決裁過程で上司がそれを指摘できないと、このような文書が対外的に発出されてしまいます。

　文書を収受した相手に失礼のないように、そして気持ちよく回答してもらえるように、「最後の砦は自分だ！」という緊張感を持って文書を作成したいものです。

◎POINT

首長名で発出する対外的な文書は、首長の代わりに書いているという意識を常に持つ必要があります。担当者のミスが組織の恥に発展しないよう細心の注意を払いましょう。

感性を眠らせない

　納得と共感が得られる文章を書くためには、豊かな感性こそが武器となります。名言・格言を深く味わいながら読むことで、感性を刺激してみてはいかがでしょうか。

　2017年7月、デビュー戦からの連勝が29で止まった将棋の藤井聡太四段（当時14歳）に、将棋界のレジェンド加藤一二三さんはツイッターで次のようなエールを送りました。

「人生も、将棋も、勝負はつねに負けた地点からはじまる。」

長年の経験に裏打ちされた含蓄のあるこの言葉に、思わず膝を打ったという人も少なくなかったはずです。

　投手と打者の二刀流として日米の耳目を一身に集めながら、海を渡りメジャーリーガーとなった大谷翔平選手は、高校時代の恩師から贈られた言葉を今も大切にしているそうです。

「先入観は可能を不可能にする。」

　二刀流なんて無理だという先入観を持つことなく、高みを目指して常に挑戦を続けてきた彼の活躍にこの言葉を重ねてみると、感銘を受けずにはいられません。

　努力の天才イチローも、数々の名言・格言を残しています。

「小さいことを積み重ねるのが、とんでもないところへ行くただひとつの道だと思っています。」

　この言葉は、イチローがメジャーリーグの年間安打記録を破ったときの記者会見で生まれたものです。

　もし、日常生活の何気ないタイミングでキラリと光る名言・格言に出合ったら、その言葉が生まれた背景にも思いを巡らせることで、感性を刺激してみるのもおすすめです。

おわりに

この本を手にとっていただけたのも、きっと何かのご縁だと思います。読んでいただいた皆さんに、心より感謝申し上げます。

「文章を磨けば公務員人生が豊かになる」ということを、ぜひ実感していただきたい！ そんな願いを込めながら、私はこの本を書き進めました。36年の公務員人生で私が手に入れた文章を磨くためのコツやノウハウを、惜しみなくご紹介したつもりです。

文章を書くのが億劫だという人は、たくさんいます。「文才がないから」「今さら手遅れだ」という言い訳をしながら、文章を書くことを敬遠しているとしたら、とても残念なことです。

書くことを得意になろうとするあまり、肩に力が入りすぎて逆に苦痛となり、上司からダメ出しをもらってはますます自信をなくしてしまう。そんな負のループから脱出するためのヒントを、本書でお伝えすることができたとすれば、光栄です。

文は人なり。

これは、フランスの博物学者ビュフォンの名言です。

自らと向き合いながら一つひとつの言葉を紡いでいくのが文章であり、自らの思想や価値観、そして真摯さが文体をつくり上げていきます。この文体こそが、書き手を映す鏡なのです。

文章だけでなく人間性をも磨かねばならぬ。自らを戒めるためにも、私はこの言葉をとても大切にしています。

公務員の仕事は「文書に始まり、文書に終わる」と言われています。これまでの公務員人生を振り返ってみると、重要な局面では必ず「書く力」が試されたということを実感せずにはいられません。そして今、**「書く力は公務員の強みになる」**と確信しています。

　「一隅を照らす」という言葉があるように、公務員は自らの能力や強みに気づき、それを活かして組織に貢献することが大切です。ぜひ「書く力」を強みにしてほしい、そのように願います。

　本書を締めくくるにあたり、私が大切にしている言葉を皆さんに贈ります。

習慣は才能を逆転する。

　学歴や才能、過去の成功体験にしがみついて、組織の中に安住していると、コツコツと努力を重ねる良い習慣を持っている人に、いつかは逆転されてしまいます。ぜひ、良い習慣を持ちましょう！

　皆さんのますますのご活躍を心からお祈りして、静かに筆を擱くこととします。

　学陽書房編集部の村上広大さんには、本書を世に送り出すために、親身になってサポートしていただきました。

　心から御礼を申し上げ、最大級の賛辞を贈らせていただきます。

2021年4月

　　　　　　　　　　　　　　　　　　　　　工藤　勝己

著者紹介

工藤勝己（くどう・かつみ）

葛飾区総務部総合庁舎整備担当部長。1985年運輸省（現・国土交通省）入省、港湾施設の地震防災に関する技術的研究に従事。その後、1989年葛飾区役所入庁。東京都庁派遣、特別区人事委員会事務局試験研究室主査、区画整理課長、道路建設課長、立石・鉄道立体担当課長、立石駅北街づくり担当課長、都市整備部参事を経て、2022年より現職。道路及び下水道施設の整備、橋梁の架替え、土地区画整理事業、都市計画道路事業、連続立体交差事業、市街地再開発事業に携わる。

また、特別区職員採用試験及び特別区管理職試験の問題作成・採点・面接委員、昇任試験の論文採点、実務研修「文章の磨き方」の講師を務める。技術士（建設部門）、技術士（総合技術監理部門）、土地区画整理士。著書に『住民・上司・議会に響く！公務員の心をつかむ文章講座』『一発で受かる！最短で書ける！昇任試験　合格論文の極意』（ともに学陽書房）がある。

一発OK！誰もが納得！
公務員の伝わる文章教室

2021年 5 月 6 日　初版発行
2024年11月 8 日　 5 刷発行

著　者　　工藤 勝己

発行者　　佐久間重嘉

発行所　　学 陽 書 房

〒102-0072　東京都千代田区飯田橋1-9-3
営業部／電話 03-3261-1111　FAX 03-5211-3300
編集部／電話 03-3261-1112　FAX 03-5211-3301
https://www.gakuyo.co.jp/

ブックデザイン／スタジオダンク
DTP制作／メルシング　　印刷・製本／三省堂印刷

答弁書作成のノウハウを解説！
「型」と「フレーズ」でこんなに書ける！

議会答弁書を「答弁パーツ」の組み合わせによる「型」に当てはめて効率的に書くノウハウを解説。状況に応じた適切なフレーズを用いて、賛成・反対をニュアンスも含めて伝える文例が満載。答弁作成者必携の1冊。

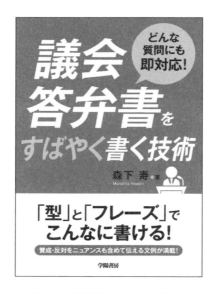

どんな質問にも即対応！
議会答弁書をすばやく書く技術

森下 寿［著］

A5判並製／定価＝2,530円（10％税込）

"受かる書き方"を超具体的に解説！
これ1冊あれば合格論文が書ける！

昇任試験論文の書き方について、「何を書くか」を超えて「どう書くか」に焦点を当て、具体的な論述テクニックを徹底解説。採点官の視点による添削事例、厳選したSランク合格論文を多数収録した論文対策の決定版！

一発で受かる！最短で書ける！
昇任試験　合格論文の極意

工藤　勝己［著］

A5判並製／定価＝2,530円（10％税込）

どんな部署でも必ず役立つ
相手を"動かす"文章のコツ！

広報紙・ＨＰ等に載せる住民向けのメッセージから、新規事業を企画立案する際の起案文、さらには議会答弁書まで、読み手の心をつかむための文章術をわかりやすく解説。行動経済学を取り入れた文章の書き方が身につく。

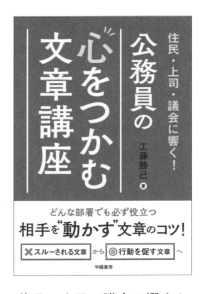

住民・上司・議会に響く！
公務員の心をつかむ文章講座

工藤 勝己 ［著］

四六判並製／定価＝1,980円（10%税込）